# TRAITTÉ

## DE

# MORALE.

# TRAITTÉ
## DE
# MORALE.

### NOUVELLE EDITION

Augmentée dans le corps de l'Ouvrage, &
d'un Traitté de l'Amour de Dieu à la fin.

*Par le* P. MALEBRANCHE, *Prêtre de l'Oratoire.*

### PREMIERE PARTIE.

À LYON,

Chez LEONARD PLAIGNARD, ruë Merciere,
au grand Hercule.

M. DC. XCVII.

AVEC PRIVILEGE DU ROY.

# EXTRAIT
## D'une Lettre de M**.

JE vous envoi Monsieur, le Traitté de Morale que vous souhaittez depuis long-tems ; cette Edition est augmentée en bien des endroits & beaucoup plus correcte que les autres qui ont parû ailleurs. J'ai pris soin de faire placer les additions dans les lieux qui leur conviennent. Vous serez content de l'exactitude avec laquelle cet Ouvrage est imprimé, & vous me saurez bon gré de ce qu'aprés avoir

reçeu les additions manuscrites
de Monsieur N. je me suis
mis en état de les faire imprimer avec tout le corps du
Livre. Peut-estre que l'ouvrage de Monsieur*** ne
paroistra pas encore, je vous
donnerai avis des dernieres
resolutions qu'il prendra là
dessus. Je suis avec tout le respect possible.

MONSIEUR,

Vostre tres &c.

# AVERTISSEMENT.

IL seroit assez inutile d'avertir les Lecteurs, que pour entendre parfaitement cet ouvrage , on doit bien comprendre ceux que l'Auteur a dêja publiez. Car outre que la chose parle d'elle-même , & que l'Auteur n'a dit que trop , qu'il falloit lire ses livres à peu prés selon l'ordre qu'il les a composez, on a toûjours remarqué que les hommes ne déféroient guéres à ces sortes d'avis. De sorte qu'il vaut mieux les laisser faire, que de leur imposer des conditions qui leur paroissent trop dures. Aussi-bien cet ouvrage est écrit de maniére que ceux, qui n'ont point lû les premiers, ne perdront point tout - à - fait leur temps dans la lecture qu'ils feront de celui - ci, quand mémes ils n'en comprendroient point les principes.

Ce traitté est divisé en deux parties. Dans le premier l'Auteur prouve, que *la vertu consiste précisement dans l'amour habituel & dominant de l'Ordre immüable.* Il explique ensuite les deux qualitez principales, qui sont nécessaires pour acquerir & conserver la vertu, sçavoir la *force* & la *liberté* de l'esprit. Aprés cela il fait connoître quelles sont les *causes occasionnelles de la lumiére & des sentimens,* c'est à-dire des secours actuels, sans lesquels on ne peut acquerir l'amour de l'Ordre. Enfin il fait remarquer les causes *occasionnelles* de certains sentimens qui réfiftent à l'efficace de la Grace , afin qu'on ait un foin particulier de les éviter. De forte qu'il n'oublie rien de ce qu'il faut fçavoir en général pour devenir parfaitement homme de bien. Dans la feconde partie il explique les devoirs felon la divifion ordinaire, mais d'une maniére qui n'eft pas commune. La neceffité de fe faire entendre diftinctement lui a fait éviter les noms des vertus & des vices , qui felon lui, ne réveillent fouvent dans l'efprit que des fentimens confus, & favorifent d'ailleurs

des erreurs tres-dangereu-
ſes , à cauſe que la corruption du Siécle , & les preju-
gez ont attaché de fauſſes
idées, & tout-à-fait payen-
nes à ces noms magnifiques,
dont on ſe ſert ordinairement, ſans ſe mettre en peine de les expliquer.

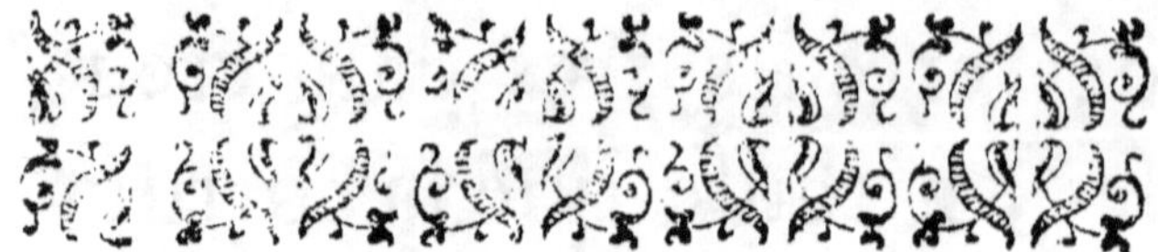

# TABLE

## DES CHAPITRES

### DE

### LA PREMIERE PARTIE.

### DE LA VERTU.

---

## CHAPITRE I.

LA Raison universelle est la Sagesse de Dieu même. Nous avons tous par elle commerce avec Dieu. Le vrai & le faux, le juste & l'injuste est tel à l'égard de toutes les intelligences, & à l'égard de Dieu même. Ce que c'est que la verité, & l'Ordre, & ce qu'il faut faire pour éviter l'erreur & le peché. Dieu est essentiellement juste. Il aime ses crea-

# TABLE DES CHAPITRES.

## CHAPITRE II.

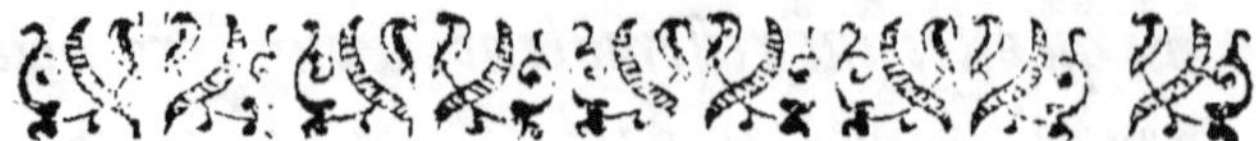

# CHAPITRE III.

*L'amour de l'Ordre ne differe point de la charité. Deux amours, l'un d'union & l'autre de bienveillance. Celui là n'est dû qu'à la puissance, qu'a Dieu seul : celui-ci doit être proportionné au merite personnel, comme nos devoirs au merite relatif. L'amour propre éclairé n'est point contraire à l'amour d'union. L'amour de l'Ordre est commun à tous les hommes. Especes d'amour de l'Ordre, naturel, libre, actuel, habituel. Il n'y a maintenant que celui qui est libre, habituel & dominant qui nous justifie. Ainsi la vertu ne consiste que dans l'amour libre, habituel & dominant de l'Ordre immuable.* page 44.

## CHAPITRE IV.

*Deux veritez fondamentales de ce tr aité. La premiere, les actes produisent les habitudes, & les habitudes les actes. La seconde, l'ame ne produit pas toûjours les actes de son habitude dominante. Ainsi le pecheur peut ne point commettre tel peché, & le juste peut perdre la charité : parce qu'il n'y a point de pecheur sans amour pour l'Ordre ny de juste sans amour propre. On ne peut devenir juste devant Dieu par les forces du libre arbitre en general. Moyens pour acquerir & conserver la charité. Ordre que je suivrai dans l'explication de ces moyens.* page 71.

# CHAPITRE V.



CHAPI

## CHAPITRE VI.

# TABLE

## CHAPITRE VII.

# CHAPITRE VIII.

*Des moyens que la Religion fournit pour acquerir & conserver l'amour de l'Ordre. JESUS-CHRIST est la cause occasionelle de la grace : il faut l'invoquer avec confiance. Lorsqu'on s'aproche des Sacremens, l'amour actuel de l'Ordre se change en amour habituel, en conséquence des desirs permanens de JESUS-CHRIST. Preuve de cette verité essentiele à la conversion des pécheurs. La crainte de l'enfer est un aussi bon motif que le desir de la felicité éternelle. Il ne faut point confondre les motifs, avec la fin. Le desir d'être heureux, ou l'amour propre doit nous conformer à l'Ordre, ou nous assujettir à la loi Divine.* page 158.

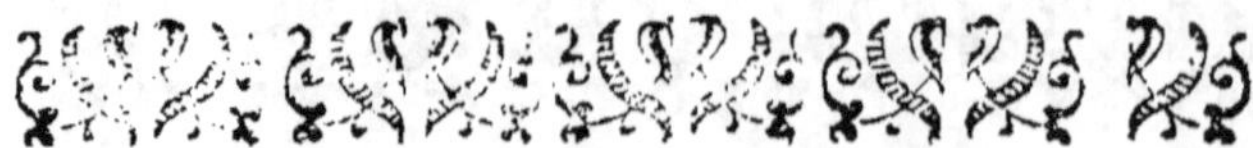

## CHAPITRE IX.

## CHAPITRE X.

## CHAPITRE XI.

## CHAPITRE XII.



## CHAPITRE XIII.

trouveront contrefaits , & de tous
depens, dommages, & interests. Don-
né à Paris le 22. Juin 1696. signé
par le Roi en son Conseil, LE FEBVRE,
& scellé du grand sceau de cire
jaune.

*Registré sur le Livre des Libraires &
Imprimeurs de Paris le 24. Juillet 1697.*
Signé P. AUBOUIN Syndic.

Ledit Sieur *** a cedé & trans-
porté son droit de Privilege à Leonard Plaignard Libraire de Lyon
suivant l'accord fait entre eux.

*Achevé d'imprimer le 2. Septembre.*
1697.

TRAITTE'

# TRAITTÉ DE MORALE.

## PREMIERE PARTIE.

### DE LA VERTU.

## CHAPITRE I.

*La raison universelle est la Sagesse de Dieu même. Nous avons tous par elle commerce avec Dieu. Le vrai & le faux, le juste & l'injuste est tel à l'égard de toutes les intelligences , & à l'égard de Dieu même. Ce que c'est que la Verité & l'Ordre, & ce qu'il faut faire pour éviter l'erreur & le peché. Dieu est essentiellement juste. Il aime ses créatures à proportion qu'elles sont aimables, ou qu'elles luy ressemblent. Pour être heureux il faut être parfait. La vertu ou la perfection de l'homme con-*

Partie I.                    A

*siste dans la soûmission à l'Ordre im-
muable, & nullement à suivre l'Ordre de la nature. Erreur de quelques
Philosophes anciens sur ce sujet, fondée
sur l'ignorance où ils étoient de la sim-
plicité, & de l'immutabilité de la conduite Divine.*

I. **L**A *Raison* qui éclaire l'homme est le *Verbe* ou la Sagesse de Dieu mê-me. Car toute créature est un Etre particulier, & la raison qui éclaire l'esprit de l'homme est universelle.

II. Si mon propre *esprit* étoit ma *Raison,* ou ma lumiere, mon esprit se-roit la Raison de toutes les intelli-gences : car je suis seur que ma Rai-son ou ma lumiere éclaire toutes les intelligences. Personne ne peut sentir ma propre *douleur:* tout homme peut voir la *Verité* que je contemple. C'est donc que ma *douleur* est une modifi-cation de ma propre substance, & que la *Verité* est un bien commun à tous les esprits.

III. Ainsi par le moyen de la

*Voyez la 1. & la 2. des Medit chré-tiennes, & l'é-clair-cissemĕt sur la Natu-re des idées, dans la Recher-che de la Veri-té, ou les deux pre-miers*

*Raison*, j'ai, ou je puis avoir quelque
societé avec Dieu, & avec tout ce
qu'il y a d'intelligences ; puisque
tous les esprits ont avec moy
un bien commun ou une même loi,
la *Raison*.

entre-
tiẽs sur
la Me-
taphy-
sique.

I V. Cette societé spirituelle consiste *dans une participation de la même
subsistance intelligible du Verbe, de laquelle
tous les esprits peuvent se nourrir.* En
contemplant cette Divine substance,
je puis voir une partie de ce que
Dieu *pense* ; car Dieu voit toutes les
*verités* & j'en puis voir quelques
unes. Je puis aussi découvrir quelque
chose de ce que Dieu *veut* : car Dieu
ne veut que selon *l'Ordre*, & l'Ordre
ne m'est pas entierement inconnu.
Certainement Dieu aime les choses
à proportion qu'elles sont aimables;
& je puis découvrir qu'il y a des
choses plus parfaites, plus estima-
bles, plus aimables les unes que les
autres.

V. Il est vrai que je ne puis, en
contemplant le Verbe, ou en consultant la Raison, m'assurer si Dieu
produit quelque chose au dehors.

Car nulle créature ne procéde necef-
fairement du·Verbe : Le monde n'eft
point une émanation néceffaire de la
Divinité : Dieu fe fuffit pleinement à
luy-même. L'idée de l'Etre infiniment parfait fe peut concevoir toute
feule. Les créatures fuppofent donc
en Dieu des decrets libres qui leur
donnent l'être. Ainfi, le Verbe preci-
fement en tant que Verbe, en tant
que Raifon univerfelle des efprits ne
renfermant point leur éxiftence, on
ne peut, en le contemplant, s'affurer
de ce que Dieu fait. Mais fuppofé
que Dieu agiffe, je puis fçavoir quelque chofe de la maniére dont il agit,
& m'affurer qu'il n'agit point de telle
& de telle maniere. Car ce qui régle
fa maniere d'agir, fa Loi inviolable,
c'eft le *Verbe*, la Sageffe Eternelle, la
Raifon qui me rend raifonnable, &
que je puis en partie contempler felon mes defirs.

V I. En fuppofant que l'homme
foit raifonnable certainement on ne
peut lui contefter, qu'il fcache quelque chofe de ce que Dieu penfe, &
de la maniére dont Dieu agit. Car en

contemplant la fubftance intelligible du Verbe, qui feule me rend raifonnable, & tout ce qu'il y a d'intelligences, je puis voir clairement les *rapports de grandeur*, qui font entre les idées intelligibles qu'il renferme ; & ces *raports* font les mêmes *veritez* éternelles que Dieu voit. Car Dieu voit auffi bien que moi, que 2. fois 2. font 4, & que les triangles qui ont même bafe & qui font entre mêmes paralleles font égaux. Je puis auffi découvrir, du moins confufément, les *rapports de perfection*, qui font entre ces mêmes idées ; & ces rapports font *l'Ordre* immüable que Dieu confulte quand il agit : Ordre qui doit auffi régler l'eftime & l'amour de toutes les intelligences.

VII. De là il eft évident qu'il y a du *vrai* & du faux, du *jufte* & de *l'injufte* ; & cela à l'égard de toutes les intelligences. Que ce qui eft vray à l'égard de l'homme eft vrai à l'égard de l'Ange, & à l'égard de Dieu même : que ce qui eft injuftice ou déréglement à l'égard de l'homme eft auffi tel à l'égard de Dieu même. Car

tous les esprits contemplant la même
substance intelligible, y découvrent
nécessairement les mêmes rapports de
*grandeur*,ou les mêmes véritez spécu-
latives.Ils y découvrent aussi les mêmes véritez de pratique, les mêmes
loix, le même ordre,lorsqu'ils voient
les rapports de *perfection* qui sont entre les êtres intelligibles que renferme cette même substance du Verbe ;
substance qui seule est l'objet immédiat de toutes nos connoissances.

VIII. Je dis, lorsqu'ils *voient* les
rapports de *perfection*, ou de *grandeur*,
& non lorsqu'ils en *jugent* : Car la verité seule , ou les rapports réels se
*voient* , & l'on ne doit *juger* que de ce
que l'on voit. Lorsqu'on *juge* avant
que de *voir*, ou de plus de choses
qu'on n'en voit,on se trompe ; ou du
moins on juge mal, quoi qu'il arrive
par hazard, qu'on ne se trompe pas.
Car juger des choses par hazard,aussi
bien que par passion ou par interest,
c'est en mal juger , puisque ce n'est
pas en juger par évidence & par lumiere. C'est en juger par soi-même ,
& non par la *Raison*, ou selon les loix

de la Raifon univerfelle, Raifon dis-je
feule fupérieure aux efprits , & qui
feule a droit de prononcer fur les jugemens qu'ils forment.

I X. Comme l'efprit de l'homme
eft fini, il ne voit pas tous les rapports qu'ont entre eux les objets de
fes connoiffances. Il peut donc fe
tromper en jugeant des rapports
qu'il ne voit pas. Mais , *s'il ne jugeoit
précifemēt que de ce qu'il voit,* ce que fás
doute il peut faire, certainement quoi
qu'efprit fini, quoi qu'ignorant, quoi
que fujet à l'erreur par fa nature , il
ne fe tromperoit jamais. Car ce ne
feroit pas tant lui que la raifon univerfelle qui prononceroit en lui même les jugemens qu'il formeroit.

X. Mais Dieu eft infaillible par fa
nature : il ne peut être fujet à l'erreur
ni au peché ; car il eft à luy-même fa
lumiere & fa loi. La Raifon luy eft
confubftantielle : il la connoit parfaitement , il l'aime invínciblement.
Etant infini il découvre tous les rapports que renferme la fubftance intelligible du Verbe. Il ne peut donc
pas juger de ce qu'il ne voit point.

Et,comme il s'aime invinciblement, il ne peut s'empecher d'eftimer & d'aimer les chofes à proportion qu'elles font eftimables, à proportion qu'elles font aimables, felon l'Ordre immuable de fes propres perfections, car les étres ne font plus ou moins parfaits que parce qu'ils participent plus ou moins aux perfectiõs Divines.

X I. Apparamment les Anges & les Saints, quoique par leur nature fujets à l'erreur, ne fe trompent jamais : car la moindre attention de l'efprit leur repréfente clairement les idées & leurs rapports. Ils ne jugent que de ce qu'ils voient. Ils fuivent la lumiere, & ne la précedent pas. Ils obeïffent à la loy, & ne s'élevent pas. La Raifon feule juge en eux fouverainement & fans appel. Mais l'homme, tel que je m'éprouve, fe trompe fouvent, parce que le travail de l'attention le fatigue extrémement; & quoy que fon application foit forte & penible, il ne voit d'ordinaire que confufément les objets. Ainfi l'homme fatigué & peu éclairé fe repofe dans la vrai-femblance, content pour quelque temps du faux bien dont il joüit. Et , par ce qu'il s'en dégoute bientoft, il recommence fes recherches, jufqu'à ce que laffé & féduit de nouveau il prenne quelque repos, pour recommencer froidement fes recherches difficiles.

X I I. Puifque les véritez fpéculatives & pratiques ne font que des *rapports de grandeur & de perfection* , il eft évident que la *fauffeté* n'eft rien de réel. Il eft vray que 2. fois 2. font 4 , ou que 2. fois 2. ne font pas 5 : parce qu'il y a un rapport *d'égalité* entre 2. fois 2. & 4 , & un *d'inegalité* entre 2. fois 2. & 5. Et celui qui voit ces rapports, voit des veritez , *parce que ces rapports font réels.* Mais il eft faux que 2. fois 2. foient 5 , ou que 2. fois 2. ne foient pas 4 : parce qu'il n'y a point de rapport d'égalité entre 2. fois 2. & 5 , ni de rapport d'inegalité entre 2. fois 2. & 4. Et celui qui voit, ou pluftoft celui qui croit voir ces rapports , voit des fauffétez. Il voit des rapports qui ne font point. Il croit voir , mais effectivement il ne voit point. Car la vérité eft intelligible, mais la fausseté par elle-même est absolument incompréhensible.

XIII. De même il est vrai qu'une beste est plus estimable qu'une pierre, & moins estimable qu'un homme : parce qu'il y a un plus grand rapport de perfection de la beste à la pierre, que de la pierre à la beste : & qu'il y a un moindre rapport de perfection entre la beste comparée à l'homme, qu'entre l'homme comparé à la beste. Et celuy qui voit ces rapports de perfection, voit des veritez qui doivent regler son estime, & par consequent cette espece d'amour que l'estime détermine. Mais celuy qui estime plus son cheval que son cocher, ou qui croit qu'une pierre en elle-méme est plus estimable qu'une mouche, ou que le plus petit des corps organisez, ne voit point ce que peut-estre il pense voir. Ce n'est point la Raison universelle : mais sa raison particuliere qui le porte à juger comme il fait. Ce n'est point l'amour de l'Ordre, mais l'amour propre, qui le porte à aimer comme il aime. Ce qu'il pense voir, n'est ni visible ni intelligible; c'est un faux rapport, un rapport imaginaire : & celuy qui regle sur ce rapport ou de semblables son estime ou son amour, tombe nécessairement dans l'erreur & dans le déréglement.

XIV. Puisque la *Vérité* & *l'Ordre* sont des rapports de grandeur & de perfection réels, immuables, necessaires, rapports que renferme la substance du Verbe Divin ; celui qui voit ces rapports, voit ce que Dieu voit : celui qui regle son amour sur ces rapports, suit une loi que Dieu aime invinciblement. Il y a donc entre Dieu & lui une conformité parfaite d'esprit & de volonté. En un mot puisqu'il connoît & aime ce que Dieu connoit & ce qu'il aime, il est semblable à Dieu autant qu'il en est capable. Ainsi comme Dieu s'aime invinciblement, il ne peut qu'il n'estime & qu'il n'aime son image. Et comme il aime les choses à proportion qu'elles sont aimables, il ne peut qu'il ne la préfere à tous les êtres, qui par leur nature, ou par

leur corruption, sont bien éloignez
de lui ressembler.

Voyez
le 3.
dis-
cours
du trai-
té de
la Na-
ture &
de la
Grace.

XV. L'homme est libre, je suppose les secours necessaires; il peut à
l'égard de la Verité, la rechercher,
malgré la peine qu'il trouve à méditer. A l'égard de l'Ordre, il peut le
suivre malgré les efforts de la concupiscence. Il peut sacrifier son repos
à la verité, & ses plaisirs à l'Ordre :
il peut aussi préferer son bon-heur
actüel à ses devoirs, & tomber dans
l'erreur & dans le déreglement. Il
peut en un mot meriter & démériter.
Or Dieu est juste : il aime ses créatures à proportion qu'elles sont aimables, à proportion qu'elles lui ressemblent. Il veut donc que tout mérite
soit récompensé & tout démérite puni : que celui qui a fait bon usage
de sa liberté, & qui par là s'est en
partie rendu parfait & semblable à
Dieu, soit en partie heureux comme
Dieu, & au contraire. &c.

XVI. Dieu seul agit sur les créatures : du moins peut-il agir en elles,
Voyez
l'é-
clair- & en faire ce qu'il luy plaist. Il
peut donc rendre les esprits heureux,

ou malheureux : heureux par la joüiſſance des plaiſirs , malheureux par la ſouffrance des douleurs. Il peut élever les juſtes & les parfaits au deſſus des autres. Il peut leur communiquer ſa puiſſance en éxecutant leurs deſirs, & les établir ainſi cauſes occaſionnelles pour agir par eux en mille manieres. Dieu peut auſſi abbaiſſer les pécheurs & les ſoumettre à l'action des derniers des êtres ; l'expérience le fait aſſez connoître, car nous dependons tous à cauſe que nous ſommes pecheurs, de l'action des objets ſenſibles.

XVII. Ainſi celui qui travaille à ſa perfection, à ſe rendre ſemblable à Dieu , travaille à ſon bonheur, travaille à ſa grandeur. S'il fait ce qui dépend en quelque ſorte de lui , c'eſt-à-dire s'il mérite en ſe rendant parfait, Dieu fera en lui ce qui n'en dépend en aucune maniere en le rendant heureux. Car Dieu aimant les êtres à proportion qu'ils ſont aimables, & les plus parfaits étant les plus aimables, les plus parfaits ſeront les plus puiſſans, les plus heureux, les

*ciſſement ſur la prétenduë efficace des cauſes ſecõdes ou la 5. & 6. des Meditations Chrêtiennes.*

plus contents. Celui qui confulte
fans ceſſe la Raiſon, celui qui aime
l'Ordre , ayant part à la perfection
de Dieu , aura donc part à ſon bonheur, à ſa gloire, à ſa grandeur.

XVIII. L'homme eſt capable de
trois choſes, de connoître, d'aimer , de
ſentir ; de connoître le vray bien, de
l'aimer , d'en joüir. Il dépend beaucoup de lui de connoître le bien , &
de l'aimer ; & il ne dépend nullement de lui d'en joüir. Mais, Dieu
étant juſte , celui qui le connoit &
l'aime , en joüira. Dieu étant juſte , il
eſt neceſſaire qu'il faſſe ſentir le plaifir de la joüiſſance, & par là qu'il
rende heureux celui , qui par ſon application pénible recherche la connoiſſance de la vérité , & qui par le
bon uſage de ſa liberté & par la force de ſon courage , ſe conforme à ſa
loi , l'Ordre immuable ; malgré les
efforts de la concupiſcence : ſuppor-
tant les douleurs , mépriſant les
plaiſirs , & rendant cet honneur à la
Raiſon de la croire ſur ſa parole , &
de ſe conſoler ſur ſes promeſſes. Choſe étrange , l'homme ſçait bien qu'il

ne dépend point immediatement de ses defirs de joüir du plaifir, ni d'éviter la douleur : il fent au contraire qu'il dépend de lui de bien penfer & d'aimer de bonnes chofes ; que la lumiere de la verité fe répand en lui lors qu'il le fouhaitte, & qu'il dépend de lui d'aimer & de fuivre l'Ordre : ( Je fuppofe encore un coup les fecours neceffaires qui ne manquent à ceux qui ont la foi, que par leur négligence. ) Et cependant l'homme ne cherche que le plaifir, & il néglige le principe de fon bonheur éternel, la connoiffance & l'amour femblables à la connoiffance & à l'amour de Dieu, la connoiffance de la verité & l'amour de l'Ordre: car comme j'ai déja dit, celui-là connoit & aime, côme Dieu connoit & aime, qui connoit la Verité & qui aime l'Ordre.

XIX. Voici donc le principal de nos devoirs ; celui pour lequel Dieu nous a créez : l'amour duquel eft la vertu mére, la vertu univerfelle, la vertu fondamentale : vertu qui nous rend juftes & parfaits, vertu qui nous rendra quelque

*On eft en ce Siecle fi chagrin ou fi délicat qu'il y a des chofes qu'il ne fuffit pas de ne point dire, il faut affurer & même plus d'une fois qu'on ne les dit point. Qu'on me pardonne*

 jour heureux. Nous sommes raisonnables, nôtre vertu nôtre perfection
c'est d'aimer la Raison, ou plûtôt
c'est d'aimer l'Ordre. Car la connoif-
sance des véritez spéculatives, ou
des rapports de grandeur ne régle
point nos devoirs. C'est principalement la connoissance & l'amour des
rapports de perfection, ou des véritez pratiques, qui fait nôtre perfection. Appliquons nous donc à connoître, à aimer, à suivre l'Ordre : tra-
vaillons à nôtre perfection. A l'égard
de nôtre bonheur, laissons le entre
les mains de Dieu, dont il dépend
uniquement. Dieu est juste, il récompense nécessairement la vertu.
Tout le bonheur que nous aurons
mérité, n'en doutons point, nous ne
manquerons pas de le recevoir.

XX. C'est l'obéissance que l'on
rend à l'Ordre, c'est la soumission à
la Loi Divine qui est vertu en tout
sens. La soumission à la nature, aux
suites des decrets Divins, ou à la
puissance de Dieu est plûtost nécef-
sité que vertu. On peut suivre la nature & se dérégler, car maintenant

la

la nature eft déréglée. On peut au contraire réfifter à l'action de Dieu, fans contrevenir à fes ordres : car fouvent l'action particuliere de Dieu eft tellement déterminée par les caufes fecondes ou occafionnelles, qu'en un fens elle n'eft point conforme à l'Ordre. Il eft vrai que Dieu ne veut que felon l'Ordre : mais fouvent il agit en quelque maniere contre l'Ordre. Car l'Ordre même voulant, que Dieu comme caufe générale, agiffe d'une maniére uniforme & conftante, en conféquence des loix générales qu'il a établies, il produit des effets contraires à l'Ordre. Il forme des monftres, & fert maintenant à l'injuftice des hommes, à caufe de la fimplicité des voies par lefquelles il éxecute fes deffeins. De forte que celui qui prétendroit obéir à Dieu en fe foumettant à fa puiffance, en fuivant & refpectant la nature, blefferoit l'Ordre, & tomberoit à tous momens dans la defobeïffance.

XXI. Si Dieu remüoit les corps par des volontez particulieres, ce fe-

*Voyez la 7. & 8. des Meditations Chreftiennes.*

*Ifaye. 43. 24.*

roit un crime que d'éviter par la fuite
les ruines d'une maiſon qui s'écroule : car on ne peut ſans injuſtice refu-
ſer de rendre à Dieu la vie qu'il nous
a donnée , lors qu'il la redemande.
Ce ſeroit inſulter à la ſageſſe de Dieu,
que de corriger le cours des rivieres,
& de les conduire dans des lieux qui
manquent d'eau : il faudroit ſuivre la
nature & demeurer en repos.  Mais,
Dieu agiſſant en conſéquence des
loix générales qu'il a établies, on cor-
rige ſon ouvrage, ſans bleſſer ſa ſageſſe : on réſiſte à ſon action , ſans réſiſter à ſa volonté : parce  qu'il ne veut
pas poſitivement & directement tout
ce qu'il fait. Il  ne veut point par
exemple directement les actions injuſtes , les meurtres par exemple ,
quoi qu'il remüe le bras de ceux qui
les commettent ; & quoi qu'il n'y
ait que lui qui répande les pluïes, il
eſt permis à tout homme de ſe  mettre à couvert, lors qu'il  pleut. Car
Dieu ne remue nôtre bras qu'en conſequence des loix generales de l'u-
nion de l'ame & du corps ; loix qu'il
n'a pas établies afin que les hommes

s'entretüaffent. Il ne répand la pluïe que par une fuitte neceffaire des loix du mouvement ; loix qu'il n'a pas faites, afin que tel en fuft tout percé , mais pour de plus grands deffeins, plus dignes de fa fageffe & de fa bonté. S'il pleut fur les hommes , s'il pleut dans la mer & fur les fablons , c'eft que Dieu ne doit pas changer l'uniformité de fa conduite, à caufe qu'il en arrive des fuittes ou inutiles ou facheufes.

XXII. Il n'en eft pas de Dieu côme des hommes , de la caufe générale comme des caufes particulieres. Lors qu'on réfifte à l'action des hommes, on les offenfe : car, comme ils n'agif-fent que par des volontez particu-liéres,on ne peut réfifter à leur action fans réfifter à leurs deffeins. Mais lors qu'on refifte à l'action de Dieu, on ne l'offence nullement,& fouvent même on favorife fes deffeins : parce que Dieu fuivant conftamment les loix générales qu'il s'eft prefcrites,la combinaifon des effets , qui en font des fuites néceffaires , ne peut pas toûjours être conforme à l'ordre , ni, propre à l'éxecution du plus excellent ouvrage. Ainſi il eſt permis aux hommes, d'empêcher les effets naturels, non ſeulement lors que ces effets peuvent leur donner la mort, mais mêmes lors qu'ils les incommodent ou qu'ils leur déplaiſent. Nôtre devoir conſiſte donc à nous ſoumettre à la Loy de Dieu, & à ſuivre l'Ordre : ce nous ſera une neceſſité de nous ſoumettre à ſa puiſſance abſoluë. Nous pouvons connoître l'Ordre par l'union avec le Verbe Eternel, avec la Raiſon univerſelle. Il peut donc être nôtre loi, il peut nous conduire. Mais les Decrets Divins nous ſont abſolument inconnus, n'en faiſons donc point nôtre régle. Laiſſons aux ſages de la Gréce & aux Stoïciens cette vertu chimerique *de ſuivre Dieu ou la nature.* Pour nous, conſultons la Raiſon, aimons & ſuivons l'Ordre en toutes choſes. Car c'eſt véritablement ſuivre Dieu, que de ſe ſoumettre à la loi qu'il aime invinciblement, & qu'il ſuit inviolablement.

XXIII. Néanmoins, quoi que l'or-

dre de la nature ne ſoit point preci-
ſément nôtre loy , & que la ſoumiſ-
ſion à cet ordre ne ſoit nullement
une vertu , il faut obſerver que ſouvent on doit y avoir égard. Mais
c'eſt toûjours parce que l'ordre immüable & neceſſaire le demande, &
non point parce que l'ordre de la
nature eſt un effet de la puiſſance de
Dieu. Un homme qui eſt dans la per-
ſécution , ou pluſtoſt qui ſouffre les
douleurs de la goutte , eſt obligé de
ſouffrir avec patience & avec humilité, parce qu'étant pécheur , l'Ordre
immuable veut qu'il ſouffre, & pour
d'autres raiſons qu'il n'eſt pas neceſſaire de dire icy. Mais ſi l'homme
n'étoit point pécheur , & que l'Ordre ne demandaſt point qu'il ſouf-
friſt pour mériter ſa récompenſe,
certainement il pourroit , & devroit
mêmes chercher ſes aiſes,& fuïr toute ſorte d'incommoditez , quoi que
perſecuté , s'il étoit poſſible dans cette ſuppoſition , par la rigueur des
ſaiſons , & par les miſéres que le
péché a introduites dans le monde.
Et mêmes l'homme , quoy que pé-

cheur, peut fe mettre à couvert de
la pluïe & du vent, & éviter l'action
d'un Dieu vágeur: par ce que l'Ordre
veut que l'homme conferve fa force
& fa fanté, & principalement la liberté de fon efprit pour méditer fes
devoirs, & rechercher la verité ; &
que la pluïe & le vent étant des fuites des loix générales de l'ordre de
la nature, il ne paroift pas clairement
que Dieu veuille pofitivement qu'on
fouffre cette incommodité particuliere. Car ce feroit un crime énorme
que d'éviter la pluïe dans le temps
que Dieu feroit pleuvoir exprés pour
nous mouiller , & pour nous punir:
de même que de manger un fruit,
ç'a été un crime épouvantable au
premier homme , à caufe de la défenfe expreffe, & de la défobeïffance
formelle. Mais , fi la vertu confiftoit
précifement à vivre dans l'état où
l'on fe trouve en confequence de
l'ordre de la nature, celui qui naift
au milieu des plaifirs & dans l'abondance, feroit vertüeux fans peine : la
nature lui étant heureufement favorable , il la fuivroit avec plaifir.

Cependant la vertu doit préfente-
ment être pénible, afin qu'elle foit
généreufe & méritoire. L'homme
doit fe facrifier foy-même pour pof-
feder Dieu: le plaifir eft la récompen-
fc du mérite, il n'en peut être le
principe, comme je le ferai voir dans
la fuite. En un mot la Verité même
nous apprend que tel pour être parfait, doit vendre fon bien, & le di-
ftribuer aux pauvres, ce qui eft
changer d'état & de condition. La
perfection ou la vertu ne confifte
donc pas à fuivre l'ordre de la nature, mais à fe foumettre en toutes
chofes à l'Ordre immuable & néceffaire, loi inviolable de toutes les intelligences & de Dieu même.

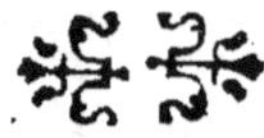

# CHAPITRE II.

*Il n'y a point d'autre vertu que l'amour de l'Ordre. Sans cet amour toutes les vertus sont fausses. Il ne faut pas confondre les devoirs avec la vertu. On peut sans vertu s'aquitter de ses devoirs. C'est faute de consulter la Raison qu'on approuve & qu'on suit des coûtumes damnables. La foi sert ou conduit à la Raison, car la Raison est la loi souveraine & universelle de toutes les intelligences.*

I. L'Amour de l'Ordre n'est pas seulement la principale des vertus Morales, c'est l'unique vertu: c'est la vertu mére, fondamentale, universelle. Vertu qui seule rend vertueuses les habitudes, ou les dispositions des esprits. Celui qui donne son bien aux pauvres ou par vanité, ou par une compassion naturelle, n'est point liberal, parce que ce n'est point la Raison qui le conduit, ni l'ordre qui le régle; ce n'est qu'orgueil,

gueil, ou que difpofition de machine. Les officiers, qui s'expofent volontairement aux dangers, ne font point genereux, fi c'eft l'ambition qui les anime ; ni les foldats, fi c'eft l'abondance des efprits & la fermentation du fang. Cette prétenduë noble ardeur n'eft que vanité ou jeu de machine : il ne faut fouvent qu'un peu de vin pour en produire beaucoup. Celui qui fouffre les outrages qu'on lui fait, n'eft fouvent ni moderé ni patient. C'eft fa pareffe qui le rend immobile, & fa fierté ridicule & ftoïcienne qui le confole, & qui le met en idée au deffus de fes ennemis : ce n'eft encore que difpofition de machine, difette d'efprits, froideur de fang, melancolie. Il en eft de même de toutes les vertus. Si l'amour de l'Ordre n'en eft le principe, elles font fauffes & vaines, indignes en toutes maniéres d'une nature raifonnable, qui porte l'image de Dieu même, & qui par la Raifon a focieté avec lui. Elles tirent leur origine de la difpofition du corps. L'Efprit Saint ne les forme point : & quiconque en

fait l'objet de ses desirs & le sujet de
sa gloire, a l'ame basse, l'esprit petit,
le cœur corrompu. Mais, quoi qu'en
pense une imagination révoltée, ce
n'est ni bassesse, ni servitude que de
se soumettre à la loi de Dieu même.
Rien n'est plus juste que de se conformer à l'Ordre. Rien n'est plus
grand que d'obeïr à Dieu. Rien n'est
plus généreux que de suivre constamment, fidellement, inviolablement le parti de la Raison ; non seulement lors qu'on le peut suivre avec
honneur, mais principalement lors
que les circonstances des temps &
des lieux sont telles, qu'on ne le peut
suivre que couvert de confusion &
de honte. Car celui, qui passe pour
fou en suivant la Raison l'aime veritablement. Mais celui qui ne suit
l'Ordre que lors qu'il brille aux
yeux du monde, ne recherche que la
gloire ; & quoi qu'alors il paroisse
lui-même tout éclattant aux yeux
des hommes, il est en abomination
devant Dieu.

II. Je ne sçai si je me trompe,
mais il me semble qu'il y a bien des

gens qui ne connoiſſent guéres la véritable vertu ; & que ceux mêmes
qui ont écrit ſur la Morale, n'ont pas
toûjours parlé fort clairement & fort
juſte. Certainement tous ces grands
noms, qu'on donne aux vertus &
aux vices , réveillent plûtoſt dans
l'eſprit des ſentimens confus que des
idées claires. Mais , comme ces ſentimens touchent l'ame , & que les
idées abſtraites , quoi que claires en
elles-mêmes,ne répandent la lumiére
que dans les eſprits attentifs ; les
hommes demeurent preſque toûjours trés-contents de ces mots qui
flattent les ſens & les paſſions, & qui
laiſſent l'eſprit dans les ténébres. Ils
s'imaginent qu'un diſcours eſt d'autant plus ſolide qu'il frape plus vivement l'imagination , & ils regardent
comme des ſpectres ou des illuſions ,
ces raiſonnemens éxacts , qui diſpa-
roiſſent dés que l'attention nous
manque : ſemblables aux enfans,qui
jugeant des objets par l'impreſſion
qu'ils font ſur leurs ſens, s'imaginent
qu'il y a plus de matiére dans la gla-
ce que dans l'eau ; & dans l'or & les

metaux pesans & durs, que dans l'air qui les environne sans se faire presque sentir.

III. D'ailleurs tout ce qui est familier ne surprend point, on ne s'en deffie point, on ne l'éxamine point. On croit toûjours bien conçevoir ce qu'on a dit, ou ce qu'on a ouï dire plusieurs fois, quoi qu'on ne l'ait jamais examiné. Mais les veritez les plus solides & les plus claires donnent toûjours de la defiance lors qu'elles sont nouvelles. Ainsi un mot obscur & confus paroist clair, quelque équivoque qu'il soit, pourvuque l'usage l'autorise ; & un terme qui ne renferme aucune équivoque, paroist obscur & dangereux, lors qu'on ne la pas ouï dire à des personnes pour lesquelles on a de l'amitié ou de l'estime. Cela est cause que les termes de Morale sont les plus obscurs & les plus confus ; & ceux là principalement qu'on regarde comme les plus clairs, à cause qu'ils sont les plus communs. Tout le monde par exemple s'imagine entendre bien la signification de ces termes, *aimer craindre honorer, charité humilité generosité, orgueil envie amour propre.* Et si on vouloit même attacher des idées claires à ces termes, & à tous les noms qu'on donne aux vertus & aux vices, outre que cela suppose plus de connoissance qu'on ne croit , on prendroit assurement la voie la plus confuse & la plus embarassée de traitter la Morale. Car on verra dans la suitte que pour bien définir ces termes , il faut déjà comprendre clairement les principes de cette science , & même être sçavant dans la connoissance de l'homme.

I V. Un des plus grands défauts qui se remarque dans les livres de morale de certains Philosophes, c'est qu'ils confondent les devoirs avec les vertus , ou qu'ils donnent des noms de vertus aux simples devoirs : de sorte que , quoi qu'il n'y ait proprement qu'une vertu , l'amour de l'Ordre, ils en produisent une infinité. Cela met la confusion par tout , & embarasse tellement cette science, qu'il est assez difficile de bien comprendre ce qu'il faut faire pour être parfaitement homme de bien.

V. Il eſt viſible que la vertu doit rendre vertueux celui qui la poſſéde; & cependant un homme peut s'acquitter de ſes devoirs, faire avec facilité des actions d'humilité, de générosité, de libéralité ſans avoir aucune de ces vertus. La diſpoſition à s'acquitter de tel de ces devoirs, n'eſt donc pas proprement vertu, ſans l'amour de l'Ordre. Lors qu'on s'acquitte de ſes devoirs, on eſt vertueux aux yeux des hommes : lors qu'on fait part de ſon bien à ſon ami, on paroiſt libéral & généreux. Mais on n'eſt pas toûjours tel qu'on paroiſt; & celui qui ne manque jamais aux devoirs exterieurs de l'amitié, que l'Ordre, qui ſeul eſt nôtre loi inviolable, ne l'en empeſche, quoi qu'il paroiſſe quelquefois ami infidélle, il eſt plus véritable & plus fidelle ami, ou du moins il eſt plus vertueux & plus aimable que ces amis emportez, qui ſacrifient aux paſſions de leurs amis, leurs parens, leur vie, leur ſalut éternel.

VI. Il ne faut donc pas confondre

la vertu avec les devoirs par la conformité des noms. Cela trompe les hommes. Il y en a qui s'imaginent suivre la vertu, quoi qu'ils ne suivent que le penchant naturel qu'ils ont à rendre certains devoirs; & comme ce n'est nullement la Raison qui les conduit, ils sont effectivement vicieux dans l'excés, lors qu'ils pensent estre des Héros en vertu. Mais la pluspart trompez par cette mesme confusion de termes, & par la magnificence des noms, se confient en eux-mesmes, s'estiment sans sujet, & jugent souvent tres-mal des personnes les plus vertueuses : parce qu'il ne se peut pas faire que les gens de bien suivent longtems ce que l'Ordre leur prescrit, sans manquer selon les apparences à quelque devoir essentiel. Car enfin pour estre prudent, hônête, charitable aux yeux des hommes, il faut quelquefois loüer le vice, ou presque toûjours se taire, lors qu'on l'entend loüer. Pour estre estimé liberal, il faut estre prodigue. Si l'on n'est téméraire, on ne passe guéres pour vaillant homme;

C iiij

& celui qui n'est point superstitieux
ou crédule, quelque pieté qu'il ait,
passera sans doute pour un libertin
dans les esprits superstitieux ou trop
crédules.

VII. Certainement la Raison universelle est toûjours la même : l'Ordre est immüable ; & cependant la
Morale change selon les pays, & selon les tems. C'est vertu chez les Al-
lemans que de sçavoir boire : on ne
peut avoir de commerce avec eux si
l'on ne s'enyvre. Ce n'est point la
Raison, c'est le vin qui lie les socie-
tez, qui termine les accommode-
mens, qui fait les contracts. C'est
générosité parmi la noblesse, que de
répandre le sang de celui qui leur a
fait quelque injure. Le düel a esté
longtems une action permise ; &
comme si la Raison n'estoit pas digne de régler nos différens, on les ter-
minoit par la force : on préferoit à la
loi de Dieu même, la loi des brutes,
ou le sort. Et il ne faut pas s'imagner
que cette coutume ne fust en usage
que parmi des gés de guerre, elle étoit
presque générale; & si les Ecclesiasti-

ques ne se battroient pas par respect pour leur caractére , ils avoient de braves champions qui les représentoient , & qui soutenoient leur bon droit en versant le sang des parties. Ils s'imaginoient mêmes que Dieu approuvoit leur conduite ; & , soit qu'on terminast les differens par le duel, ou par sort, ils ne doutoient point que Dieu ne présidast au jugement , & qu'il ne donnast gain de cause à celui qui avoit raison. Car, supposé que Dieu agisse par des volontez particulieres , ce que croit le commun du monde , quelle impieté que de craindre , ou qu'il favorise l'injustice , ou que sa providence ne s'étende pas à toutes choses.

VIII. Mais sans aller chercher des coûtumes damnables dans les siecles passez , que chacun juge à la lumiére de la Raison des coûtumes qui s'observent maintenant parmi nous, ou plustoft qu'on fasse seulement attention à la conduite de ceux mêmes qui sont établis pour conduire les autres. Sans doute on trouvera souvent que chacun a sa Morale par-

ticuliere, sa devotion propre, sa vertu favorite. Que tel ne parle que de
penitence & de mortification : tel
n'estime que les devoirs de charité :
tel autre enfin que l'etude & la priére. Mais d'où peut venir cette diver-
sité, si la Raison de l'homme est toûjours la mesme ? C'est sans doute
qu'on cesse de la consulter, c'est qu'on
se laisse conduire à l'imagination son
ennemie. C'est qu'au lieu de regarder
l'Ordre immüable comme sa loy inviolable & naturelle, on se forme
des idées de vertu conformes du
moins en quelque chose à ses inclinations. Car il y a des vertus, ou
plustost des devoirs qui ont rapport
à nos humeurs : des vertus éclatantes, propres aux ames fiéres & hau-
taines; des vertus basses & humilian-
tes, propres à des esprits timides &
craintifs ; des vertus molles, pour
ainsi dire, & qui s'accommodent bien
avec la paresse & l'inaction.

IX. Il est vray qu'on demeure assez
d'accord que l'Ordre est la loi inviolable des esprits, & que rien n'est
réglé s'il n'y est conforme. Mais on

foutient un peu trop que les efprits font incapables de confulter cette loi ; & quoi qu'elle foit gravée dans le cœur de l'homme , & qu'il ne faille que rentrer en foi même pour s'en inftruire , on penfe , comme les Juifs groffiers&charnels,qu'il eft auffi difficile de la découvrir que de monter dans les cieux,ou defcendre dans les enfers , comme parle l'Ecriture.

*Deut.*
*30. 12.*

X. J'avoüe neanmoins que l'Ordre immüable n'eft pas de facile accés : il habite en nous , mais nous fommes toûjours répandus au dehors. Nos fens repandent noftre ame dans toutes les parties de noftre corps ; & noftre imagination & nos paffions la répandent dans tous les objets qui nous environnent ; & fouvent mefme dans un monde qui n'a pas plus de réalité que les efpaces imaginaires : cela eft inconteftable. Mais il faut tafcher de faire taire fes fens,fon imagination , & fes paffions , & ne pas s'imaginer qu'on puiffe eftre raifonnable fans confulter la Raifon. L'Ordre , qui doit nous reformer, eft une forme trop abftraite pour fervir

de modéle aux esprits grossiers. Je le
veux. Qu'on luy donne donc du
corps, qu'on le rende sensible, qu'on
le reveste en plusieurs manieres pour
le rendre aimable à des hommes charnels : qu'on l'incarne, pour ainsi dire,
mais qu'il soit toûjours reconnois-
sable. Qu'on accoutume les hommes
à discerner la vraye vertu du vice,
des vertus apparentes, des simples
devoirs, dont on peut souvent s'acquitter sans vertu ; & qu'on ne leur
propose pas des phantômes & des
idoles, qui attirent leur admiration &
leurs respects par l'éclat sensible &
majestueux qui les environne. Car
enfin si la Raison ne nous conduit
pas, si l'amour de l'Ordre ne nous
anime pas, quelques fidéles que nous
soions dans nos devoirs, nous ne se-
rons jamais solidement vertueux.

XI. Mais, dit-on, la Raison est corrompuë : elle est sujette à l'erreur. Il
faut qu'elle soit soumise à la foi. La
Philosophie n'est que la servante. Il
faut se défier de ses lumieres. Perpe-
tüelles équivoques. L'homme n'est
point à lui méme, sa Raison & sa lu-

miere. La Religion c'eſt la vraie philoſophie. Ce n'eſt pas , je l'avoüe, la
philoſophie des payens , ni celle des
diſcoureurs , qui diſent ce qu'ils ne
conçoivent pas ; qui parlent aux autres avant que la Verité leur ait parlé à eux-mêmes. La Raiſon dont je
parle eſt infaillible, immuable, incor-
ruptible. Elle doit toûjours être la
maiſtreſſe : Dieu même la ſuit. En un
mot,il ne faut jamais fermer les yeux
à la lumiere:mais il faut s'accoutumer
à la diſcerner des ténébres , ou des
fauſſes lueurs, des ſentimens confus ,
des idées ſenſibles, qui paroiſſent lumieres vives & éclatantes à ceux qui
ne ſont pas accoutumez à diſcerner le
vrai du vraiſemblable , l'évidence de
l'inſtinct , la Raiſon de l'imagination
ſon ennemie. L'évidence,l'intelligence
eſt préferable à la foi.Car la foi paſſe-
ra, mais l'intelligence ſubſiſtera éter-
nellement.La foi eſt véritablement un
grand bien,mais c'eſt qu'elle conduit
à l'intelligence ; & que mêmes ſans
elle on ne peut meriter l'intelligence
de certaines veritez neceſſaires, eſſen-
tielles , ſans leſquelles on ne peut

Aug. de
lib.arb.
l.2.c.2.

acquerir ni la solide vertu, ni la félicité éternelle. Néanmoins la foi sans intelligence, je ne parle pas icy des mysteres, dont on ne peut avoir d'idée claire; la foy, dis-je, sans aucune lumiére, si cela est possible, ne peut rendre solidement vertueux. C'est la lumiere qui perfectionne l'esprit & qui régle le cœur : & si la foy n'éclairoit l'homme & ne le conduisoit à quelque intelligence de la verité, & à la connoissance de ses devoirs ; assurément elle n'auroit pas les effets qu'on lui attribuë. Mais la foi est un terme aussi équivoque que celui de Raison, de philosophie, de science humaine.

XII. Je demeure donc d'accord que ceux, qui n'ont point assez de lumiére pour se conduire, peuvent acquerir la vertu, aussi bien que ceux qui sçavent le mieux r'entrer en eux-mêmes pour consulter la Raison, & contempler la beauté de l'Ordre; parce que la grace de sentiment, ou la délectation prévenante peut suppléer à la lumiere, & les tenir fortement attachez à leur devoir. Mais je soutiens premierement que toutes choses égales, celui qui r'entre le plus en lui même , & qui écoute la vérité intérieure dans un plus grand silence de ses sens, de son imagination & de ses passions , est le plus solidement vertueux. En second lieu , que l'amour de l'Ordre qui a pour principe plus de Raison que de foi , je veux dire plus de lumiere que de plaisir, est plus solide, plus méritoire , plus estimable qu'un autre amour que je lui suppose égal. Car dans le fond le vrai bien , le bien de l'esprit devroit s'aimer par Raison, & nullement par l'instinct du plaisir. Mais l'état , où le peché nous a réduits , rend la grace de la délectation nécessaire pour contreba'ancer l'effort continuel de nostre concupiscence. Enfin je soutiens que celui qui ne r'entreroit jamais en lui-même , je dis jamais , sa foi pretenduë lui seroit entierement inutile. Car le Verbe ne s'est rendu sensible & visible que pour rendre la vérité intelligible. La Raison ne s'est incarnée que pour conduire par les sens les hommes à la Raison ; & ce-

Aug.<br>conf. l.<br>11. ch. 8.

lui qui feroit mefme & fouffriroit ce
qu'a fait & fouffert JESUS-CHRIST,
ne feroit ni raifonnable ni Chreftien,
s'il ne le faifoit dans l'efprit de JE-
SUS-CHRIST, efprit d'Ordre & de
Raifon. Mais cela n'eft nullement à
craindre : car c'eft une chofe abfolument impoffible, que l'homme foit
tellement féparé de la Raifon, qu'il ne
r'entre jamais en lui même pour la
confulter. Car , quoi que bien des
gens ne fçachent peut-eftre point ce
que c'eft que de r'entrer en eux mémes , il n'eft pas poffible qu'ils
n'y r'entrent , ou qu'ils n'écoutent
quelquefois la voix de la verité ,
malgré le bruit continuel de leurs
fens & de leurs paffions. Il n'eft
pas poffible qu'ils n'aïent quelque
idée, & quelque amour de l'Ordre,
ce que certainement ils ne peuvent
avoir que de celui qui habite en eux,
& qui les rend en cela juftes & rai-
fonnables. Car nul homme n'eft à
lui - même ni le principe de fon
amour, ni l'efprit qui l'infpire, qui l'a-
nime & qui le conduit.

XIII. Tout le monde fe pique de
Raifon

Raison, & tout le monde y renonce :
Cela paroit se contredire , mais rien
n'est plus vrai. Tout le monde se pique de Raison , parce que tout homme porte écrit dans le fond de son
étre que d'avoir part à la Raison, c'est
un droit essentiel à nostre nature.
Mais tout le monde y renonce, parce
que l'on ne peut s'unir à la Raison ,
& recevoir d'elle la lumiere & l'intelligence , sans une espéce de travail fort désolant , à cause qu'il n'a
rien qui flatte les sens. Ainsi les hommes voulant invinciblement être heureux , ils laissent là le travail de l'attention, qui les rend actuellement
malheureux. Mais s'ils le laissent, ils
prétendent ordinairement que c'est
par Raison. Le voluptüeux croit devoir préferer les plaisirs actüels à une
veüe seche & abstraite de la vérité ,
qui coute néanmoins beaucoup de
peine. L'ambitieux prétend que l'objet de sa passion est quelque chose de
réel , & que les biens intelligibles ne
sont qu'illusions & que phantômes ;
car d'ordinaire on juge de la solidité
des biens par l'impression qu'ils font

Partie I.                    D

sur l'imagination & sur les sens. Il y a mêmes des personnes de pieté, qui prouvent par raison qu'il faut renoncer à la Raison, que ce n'est point la lumiere, mais la foi seule qui doit nous conduire, & que l'obeïssance aveugle est la principale vertu des Chrêtiens. La pareíse des inférieurs, & leur esprit flatteur s'accommode souvent de cette vertu prétenduë; & l'orgueil de ceux qui commandent en est toûjours tres-content. De sorte qu'il se trouvera peut-être des gens qui seront scandalisez, que je fasse cét-honneur à la Raison, de l'élever au dessus de toutes les puissances;& qui s'imagineront que je me revolte contre les autoritez légitimes, à cause que je prens son parti, & que je soutiens que c'est à elle à décider & à regner. Mais que les voluptüeux suivent leurs sens : que les ambitieux se laissent emporter à leurs passions : que le commun des hommes vive d'opinion, ou se laisse aller où sa propre imagination le conduit. Pour nous, tâchons de faire cesser ce bruit confus, qu'excitent en nous les ob-

jets fenfibles.R'entrons en nous-mêmes,confultons la Verité interieure.
Mais prenons bien garde à ne pas
confondre fes réponfes avec les inf-
pirations fecretes de noftre imagination corrompüe.Car il vaut beaucoup
mieux , il vaut infiniment mieux
obeïr aux paffions de ceux qui ont
droit de commander ou de conduire,
que de d'être uniquement fon
maître , fuivre fes propres paffions ,
s'aveugler volontairement en prenant
dans l'erreur un air de confiance pareil à celui que la veüe feule de la
verité doit donner.  J'ai expliqué ailleurs les régles qu'il faut obferver
pour ne pas tomber dans ce défaut,
mais j'en parlerai encore dans la fuite ; car fans cela on ne peut être vertueux folidement & par raifon.

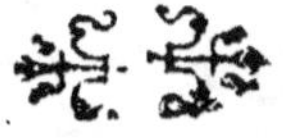

# CHAPITRE III.

*L'amour de l'Ordre ne différe point de la charité. Deux amours, l'un d'union l'autre de bienveillance. Celui là n'est dû qu'à la puissance, qu'a Dieu seul : celui-ci doit être proportionné au merite personnel, comme nos devoirs au merite relatif. L'Amour propre éclairé n'est point contraire à l'amour d'union. L'amour de l'Ordre est commun à tous les hommes. Especes d'amour de l'Ordre, naturel, libre, actüel, habitüel. Il n'y a maintenant que celui qui est libre, habitüel & dominant qui nous justifie. Ainsi la vertu ne consiste que dans l'amour libre, habituel & dominant de l'Ordre immuable.*

I. QUoi que je n'aye point exprimé la principale des vertus, ou la vertu mére, par le nom autentique de *Charité* ; il ne faut pas croire que je prétende proposer aux hommes d'autre vertu que celle que JESUS - CHRIST a canonisée

par ces paroles: *Toute la loi & les Pro-*
*phetes dépendent de ces deux commande-*
*mens :* Vous aimerez le Seigneur
vostre Dieu de tout vostre
cœur, et de toutes vos forces,
et vostre prochain comme vous-
mesme : & dont Saint Paul a fait l'é-
loge dans ce chapitre admirable de
la premiere Épiſtre aux Corinthiens,
qui commence ainſi : *Quand je parle-*
*rois toutes les langues , & mêmes le lan-*
*gage des Anges, ſi je n'avois point la Cha-*
*rité , je ne ſerois que comme de l'airain*
*ſonnant , ou une cymbale retentiſſante.*
On parle diverſement ſelon les perſonnes. L'Ecriture, qui eſt faite pour
tout le monde, n'exprime les véritez
que par des termes que l'uſage le
plus commun autoriſe. Mais celui,
qui veut convaincre & éclairer les
perſonnes les plus entêtées, j'entens
les prétendus eſprits forts, & ceux
qu'on appelle philoſophes , gens qui
trouvent des difficultez par tout, il
doit tâcher d'expliquer ſes ſentimens avec des termes qui ſoient, autant que cela ſe peut , éxemts d'é-
quivoque.

*Matth*<br>22

*ch.* 13.

II. Ces paroles, *Vous aimerez Dieu de toutes vos forces, & vôtre prochain comme vous-même*, sont claires : mais c'est principalement à ceux qu'enseigne interieurement l'onction de l'esprit; car à l'égard des autres hommes, elles sont plus obscures qu'on ne s'imagine. Ce mot *aimer* est équivoque : il signifie deux choses entre plusieurs autres, s'unir de volonté à quelque objet comme à son bien, ou à la cause de son bon-heur, & souhaitter à quelqu'un le bien dont il a besoin. On peut aimer Dieu dans le premier sens, & son prochain dans le second. Mais ce seroit impieté, ou du moins stupidité & ignorance, que d'aimer Dieu dans le second sens ; car il est essentiel à la divinité de se suffire à elle-même. *Vous estes mon Dieu*, dit le Prophete, car vous n'avez pas besoin de mes biens. Et ce seroit une espéce d'idolatrie que d'aimer son prochain dans le premier sens : car c'est en Dieu seul que se trouve la puissance d'agir dans les esprits, & de les rendre heureux.

III. De même ce mot *Dieu* est equivoque, & infiniment plus qu'on ne croit : & tel s'imagine aimer Dieu, qui n'aime effectivement qu'un certain phantôme immense qu'il s'est formé. Il croit aimer Dieu en vivant dans le defordre, ou fans aimer l'Ordre fur toutes chofes. Il fe trompe. Bien loin d'aimer Dieu, il ne le connoît feulement pas. *Car celui qui dit qu'il connoît Dieu & n'obferve pas fes commandemens, eft un menteur, & la verité n'eft point en lui : mais celui qui les obferve, aime Dieu parfaitement.* VERE *in hoc Charitas Dei perfecta eft :* dit faint Jean, *In hoc fcimus, quoniam cognovimus eum fi mandata ejus obfervemus.* C'eft en cela que nous fçavons bien que nous connoiffons Dieu, fi nous obfervons fes commandemens.

Ep. 1. ch. 2.

IV. Vous aimerez Dieu *de toutes vos forces. Toutes* eft affez clair, mais *vos forces* peut donner fujet d'erreur à ceux qui n'ont pas d'humilité, ou qui en ont une fauffe. Les premiers peuvent en tirer quelque fujet de vanité, & les autres d'une negligence criminelle. *Et vôtre prochain comme vous-même.* JESUS-CHRIST nous apprend dans la parabole du Samaritain que tous les hommes sont nôtre prochain. Ce terme *Prochain*, n'est donc pas trop clair : aussi les Juifs grossiers & charnels l'ont-ils toûjours pris dans un faux sens. *Comme vous-même.* Certainement ceux qui aiment les vrais biens, sont les seuls qui accomplissent ce commandement, en aimant leur prochain comme eux-mêmes. Car un pére qui aime son fils avec la derniere tendresse, & qui lui procure avec soin tous les biens sensibles, quelque amour qu'il ait pour lui, il est encore bien éloigné de l'aimer, comme Dieu veut qu'on aime son prochain.

V. Ces paroles, *Vous aimerez Dieu,* & le reste, peuvent donc paroître obscures. Mais ce n'est effectivement qu'à ceux, qui veulent chicaner, ou qui ne rentrent point en eux-mêmes, pour y voir ce commandement écrit de la main de Dieu. Elles ne sont obscures qu'à ceux que l'onction du Saint Esprit n'a point instruits, pour lesquels l'Ecriture sainte est un livre fermé. Car les personnes de pieté

*1.Ep.de S. Jean ch. 2.*

les

les plus grossieres & les plus stupides entendent bien ce précepte. Ils
sçavent que toute l'application de
l'esprit, & tous les mouvemens du
cœur doivent tendre vers Dieu : qu'il
ne faut s'occuper que de lui, autant
que cela est possible : que ce n'est
point l'aimer veritablement que de
manquer de délicatesse sur son devoir ; & que blesser l'Ordre de la
justice, ou l'Ordre immüable, c'est
offenser effectivement la Majesté Divine. Bien loin d'aimer les hommes
comme capables de leur faire du
bien, ils appréhendent l'approche
des grands, & ne se plaisent que
parmi ceux qui ont besoin de leur
secours. Ils aiment les hommes, non
comme leur bien, ni comme capables de joüir ensemble des biens qui
passent, biens qui ne sont propres
qu'à mettre la division par tout:mais
ils les aiment comme cohéritiers des
vrais biens. Vrais biens parce qu'on
les posséde sans les partager,qu'on en
joüit sans s'en degoûter, qu'on les
aime sans appréhender qu'ils s'échappent, comme les plaisirs de la vie

Partie I.                        E

présente. Le Pere aime son fils : mais il aimeroit mieux le voir contrefait, que de le voir déréglé. Il aimeroit mieux le voir malade, le voir mort, le voir attaché au gibet , que de le voir mort aux yeux de celui, qui n'a jamais eu de spectacle plus agréable que celui de son fils unique attaché en croix pour rétablir l'ordre dans l'univers. Les personnes de pieté entendent bien la loi de Dieu, parce qu'ils sont instruits par le même esprit qui l'a dictée. Mais, comme je parle principalement aux Philosophes , & qu'il n'est point en mon pouvoir de donner cette onction sainte, qui répand la lumiére dans les esprits ; je croi devoir tâcher de prouver par raison , & expliquer autant que je pourrai par des termes clairs , des veritez dont ils ne sont peut-être pas assez convaincus.

V I. Je crois donc devoir dire que la charité justifiante, ou la vertu qui rend véritablement justes & vertueux ceux qui la possedent, est proprement l'amour dominant de l'Ordre immuable. Mais il faut encore expliquer ces termes, afin de dissiper les obscuritez qui accompagnent ord'nairement les idées abstraites.

VII. J'ai déjà dit *que l'ordre im- mïable ne consiste que dans les rapports de perfection, qui sont entre les idées intelligibles que renferme la substance du Verbe Eternel.* Or on ne doit estimer & aimer que la perfection. Donc l'estime & l'amour doivent être conformes à l'Ordre. Je veux dire qu'il doit y avoir même rapport entre deux amours qu'entre la perfection ou la realité des objets qui les excitent : car si la proportion n'y est pas , ils ne sont point conformes à l'Ordre. De là il est evident que la charité ou l'amour de Dieu est une suitte de l'amour de l'Ordre ; & qu'il faut estimer & aimer Dieu , non seulement plus que toutes choses , mais infiniment plus que toutes choses , parce qu'entre l'infini & le fini il ne peut y avoir de rapport fini.

VIII. Or il y a deux principales espéces d'amour , un amour de *bienveillance,* & un amour qu'on peut appeller *d'union.* Un brutal aime l'objet

*ch. 1.*

E ij

de sa passion d'une amour *d'union* :
parce que regardant cet objet comme la cause de son bonheur, il souhaitte d'y être uni, afin que cet objet agisse en lui & le rende heureux. Il s'en approche par le mouvement de son cœur, ou par ses affections, aussi bien que par le mouvement de son corps. On aime les gens de mérite d'un amour de *bienveillance*, car on les aime dans le tems même qu'ils ne sont point en état de nous faire du bien : on les aime parce qu'ils ont plus de perfection & de vertu que les autres. Ainsi la puissace de nous faire du bien, ou cette espéce de perfection qui a rapport à nôtre bonheur ; en un mot la *bonté* excite en nous l'amour *d'union*,& les autres perfections l'amour *d'estime & de bienveillance*. Or Dieu seul est *bon*, il a seul la *puissance* d'agir en nous. Il ne communique point réellement aux créatures cette perfection : il les établit seulement causes occasionnelles pour produire quelques effets, car la véritable puissance est incommunicable. Donc tout l'amour *d'union*

doit tendre vers Dieu.

IX. On peut par exemple *s'approcher* du feu, car le feu est la cause *occasionnelle* de la chaleur. Mais on ne peut point l'aimer d'un amour *d'union* sans blesser l'ordre, car le feu n'a nulle puissance, bien loin d'en avoir sur ce qui est en nous capable d'aimer. C'est la même chose des autres créatures, des Anges & des démons: il ne les faut point aimer d'un amour d'union ; d'un amour qui honore la puissance : car toutes étant absolument impuissantes, il ne les faut nullement aimer. Quand je dis aimer, j'entens aussi craindre, j'entens haïr, j'entens que l'ame doit demeurer immobile en leur présence. Que le corps par le mouvement local s'approche du feu, ou évite une maison qui s'écroule : cela est permis. Mais que l'ame n'aime & ne craigne que Dieu seul ; du moins d'un amour libre, d'un amour de choix, d'un amour de raison : car l'union de l'ame & du corps s'étant changée en dépendance, il n'est presque plus en nôtre pouvoir d'empécher que les

E iij

biens senfibles n'excitent en nous quelqu'amour pour eux. Les mouvemens de l'ame répondent naturellement à ceux du corps : & l'objet qui nous met en fuitte ou qui nous attire, nous infpire prefque toûjours ou de l'averfion ou de l'amour.

X. Il n'en eft pas de même de l'amour d'eftime ou de bienveillance, comme de l'amour d'union. Dieu eft infiniment plus aimable de cette efpece d'amour que toutes fes créatures enfemble. Mais comme il leur a communiqué réellement quelque perfection ; comme il y en a qui font capables de joüir avec nous d'un même bonheur, elles font effectivement eftimables & aimables. L'Ordre même demande qu'on les eftime & qu'on les aime à proportion de la perfection foit naturelle, foit morale qu'elles poffedent, du moins autant que ces perfections nous font connües. Car de les eftimer & de les aimer juftement à proportion qu'elles font aimables, cela eft abfolument impoffible, puis que fouvent leurs

perfections nous sont inconnües ; &
que mêmes nous ne connoissons jamais éxactement les rapports qui
sont entre les perfections, comme
nous connoissons ceux qui sont entre les grandeurs , & que nous pouvons exprimer par des nombres , ou
par des lignes incommensurables.
Néanmoins la foi diminuë bien des
difficultez sur cela. Car comme le
fini par le rapport qu'il a avec l'infini , acquiert un prix infini ; on voit
bien qu'il faut aimer infiniment plus
les créatures , qui ont, ou qui peuvent
avoir beaucoup de rapport avec
Dieu , que toutes celles qui ne sont
point à son image , ou qui n'ont
point comme nous d'union ou de
rapport avec lui. On voit bien toutes
choses égales , qu'un juste, qu'un
membre de JESUS - CHRIST est plus
aimable de cette espéce d'amour,que
mille impies ; & que Dieu juste juge
de la valeur de ses créatures , préfere
un de ses enfans adoptifs à toutes les
nations de la terre.

XI. Il est certain que c'est l'amour
d'estime ou de bienveillance qui doit

régler les devoirs. Mais il ne faut pas pourtant s'imaginer qu'on doive toûjours rendre plus de devoirs aux justes qu'aux pécheurs, aux fidéles qu'aux hérétiques, & qu'aux païens mémes. Car il faut prendre garde qu'il y a des perfections de plusieurs sortes : des perfections personnelles ou absoluës, & des perfections relatives. Les perfections personnelles doivent être l'objet immédiat de l'amour d'estime & de bienveillance : mais les perfections relatives ne sont pas dignes de cet amour, ni d'aucun autre ; c'est seulement l'objet auquel ces perfections se rapportent. Il faut aimer & honorer le mérite par tout où on le trouve : car le merite est une perfection personnelle, qui doit régler l'amour d'estime & de bienveillance. Mais il ne doit pas toûjours régler la grandeur & la qualité des devoirs. Il faut au contraire rendre beaucoup de devoirs à son Prince, à son pére, à tous ceux qui ont l'autorité : car l'autorité est nécessaire pour conserver dans les estats l'ordre, qui est la chose du monde la plus estimable. Mais l'honneur qu'on leur rend, l'amour qu'on leur porte, doit se terminer à Dieu seul : *Sicut Domino & non hominibus*, dit S. Paul. C'est à Dieu & non à des hommes que se rapporte l'honneur qu'on rend à la puissance, car la puissance d'agir ne se trouve qu'en Dieu. De même si un homme a des talens naturels, utiles à la conversion des autres, quand il n'auroit ni vertu ni merite, on doit l'aimer d'un amour d'estime qui se rapporte ailleurs, & lui rendre à lui-même bien plus de devoirs, qu'à tel qui a beaucoup de mérite personnel, & ne peut être utile à personne. Mais je m'expliquerai ailleurs plus au long. Je ne dis ceci que pour empêcher que l'esprit du Lecteur n'aille sans y penser où je ne veux pas le conduire.

XII. L'amour propre ennemi irréconciliable de la vertu ou de l'amour dominant de l'Ordre immuable, peut s'accommoder avec l'amour d'union, qui répond, & qui rend honneur à la puissance capable d'agir en nous : car il suffit pour cela que cet amour propre soit éclairé. L'homme veut invinciblement être heureux : il voit clairement que Dieu seul peut le rendre heureux. Cela supposé , & le reste exclu dont je ne parle pas, il est évident qu'il peut desirer d'être uni à Dieu. Car pour ôter toute équivoque, je ne parle pas d'un homme qui sçait, que Dieu ne récompense que le mérite , & qui n'en trouve aucun en soi. Je parle d'un homme qui ne fait attention qu'à la puissance & à la bonté de Dieu ; ou à qui le témoignage de sa conscience & sa foi lui donnent pour ainsi dire libre accés pour s'approcher de Dieu & se joindre à lui.

XIII. Mais il n'en est pas de même de l'amour d'estime ou de bienveillance qu'on doit se porter à soi-même , l'amour propre le dérégle presque toûjours. L'Ordre immuable de la justice veut que la récompense soit proportionnée au mérite, le bonheur à la vertu , à la perfection de l'esprit ; & l'amour propre ne souffre pas volontiers de bornes à son bonheur & à sa gloire. Quelque éclairé que soit cet amour , s'il n'est juste, il est necessairement contraire à l'Ordre & il ne peut être juste sans diminüer ou sans se détruire. Néanmoins lors que l'amour propre est éclairé , lors qu'il est reglé, lors qu'il est d'accord avec l'amour de l'ordre , on est dans la plus grande perfection dont on soit capable. Car certainement un homme,qui se met toûjours dans le rang qui lui convient , qui ne veut être heureux qu'autant qu'il mérite de l'être, qui cherche son bonheur dans la justice qu'il attend du juste juge , qui vit de sa foi , & demeure content,ferme & patient dans l'esperance & l'avangoût des vrais biens : Celui-la dis-je est solidement homme de bien,quoi que ce soit l'amour, qu'il a pour lui-même , qui soit le principe naturel , mais reglé & corrigé par la grace, de l'amour de l'Ordre sur toutes choses.

XIV. Il ne faut pas s'imaginer que l'amour de l'Ordre soit semblable à ces vertus, ou plûtost à ces dispositions particulieres qu'on peut perdre ou acquerir. Car l'Ordre immuable

chap.
prece.

n'eſt point une creature particuliere qu'on puiſſe commencer ou ceſſer entierement d'aimer. Il eſt en Dieu & il s'imprime ſans ceſſe en nous. C'eſt une loi écrite en caractères ineffaçables. C'eſt le Verbe-Divin objet naturel & neceſſaire de toutes les penſées & de tous les mouvemens des eſprits. On peut commencer ou ceſſer d'aimer une créature, car l'homme n'eſt pas fait pour elles. Mais on ne peut entiérement renoncer à la Raiſon, on ne peut ceſſer d'aimer l'Ordre; car l'homme eſt fait pour vivre de raiſon, pour vivre ſelon l'Ordre. Ainſi l'amour de l'Ordre regne naturellement par tout où l'amour propre ne lui eſt point contraire. Il regne mêmes ſouvent quoi que l'amour propre ou la concupiſcence lui reſiſte, je ne dis pas ſeulement dans les Juſtes, dans ceux où il regne abſolument, mais mêmes dans les mêchans, où l'amour propre eſt ſouverain.

S. Aug.
de Trin.
l. 14. c.
15.

Car la beauté de la juſtice touche ſouvent les injuſtes mêmes, de maniere que l'amour propre trouve ſon compte à ſe conformer à l'Ordre.

XV. Certainement l'homme ne voit que parce que Dieu l'éclaire : il ne veut que parce que Dieu l'anime ou le fait aimer. Or Dieu n'éclaire que par son Verbe, il n'anime que par l'amour qu'il se porte à lui-même. Car Dieu ne peut pas éclairer l'homme par une fausse raison, ni lui imprimer un amour contraire au sien. Toute la lumiere vient donc du Verbe, tout le mouvement vient donc de l'Esprit saint ; puis qu'enfin Dieu seul agit, & qu'il n'agit que par la sagesse qui l'éclaire, & par l'amour qu'il se porte à lui-même. Donc, tant que l'homme pensera, tant qu'il aimera, il ne sera point separé de la Raison, il ne sera point sans amour pour l'Ordre. Car, pour tomber dans l'erreur, il faut mal user de la Raison, mais il en faut user ; puis que celui qui ne voit rien, ne peut juger de rien, ne peut tomber dans l'erreur. De même pour aimer le mal, il faut aimer le bien : car on ne peut aimer le mal, que parce qu'on le regarde comme un bien, que par l'impression naturelle qu'on a pour le bien. Ainſi l'amour propre n'aneantit pas l'amour de l'Ordre : il ne fait que le corrompre en rapportant à ſoi même ce qui n'y a point de rapport neceſſaire , ou plûtoſt en faiſant preferer le bonheur actuel à la perfection de ſon être, à la vertu , & à la felicité future qui en ſera la recompenſe. Car l'homme, ſoit qu'il aime les objets par rapport à ſoi ou autrement, il aime toûjours ceux qui ſont, ou qui paroiſſent les meilleurs : parce que l'amour de l'Ordre , ou des biens à proportion de leur perfection ou de leur bonté, eſt un amour naturel & inviolable.

XVI. Je dis ceci principalement afin que les mêchans ſçachent du moins qu'ils ſont tels , & que les juſtes ſe défient de leur vertu. Car, comme les hommes, quelques miſerables qu'ils ſoient , ſentent en euxmêmes quelque droiture , ou qu'ils ont quelque amour naturel pour l'Ordre , ils s'imaginent avoir véritablement de la vertu. Mais, pour poſſéder la vertu, il ne ſuffit pas d'aimer l'Ordre d'un amour naturel , il faut encore l'aimer d'un amour libre, éclairé, raisonnable. Mais de plus il ne suffit pas de l'aimer, lors qu'il s'accommode actuellemēt avec nôtre amour propre;il faut lui sacrifier tout ce qu'il exige de nous, nôtre bonheur actüel, & s'il le demandoit ainsi, nôtre être propre : Car la vertu ne consiste que dans l'amour dominant de l'Ordre immüable. Nôtre cœur n'est parfaitement bien réglé, que lors qu'il est disposé à se conformer à l'Ordre en toutes choses : & celui, qui voudroit que dans quelques occasions l'Ordre se conformast à ses inclinations particulieres, auroit en cela l'esprit faux & le cœur corrompu. Il n'y a point d'homme, quelque méchant qu'il soit, qui ne trouve quelquefois dans l'Ordre une beauté qui le charme. Apparemment les démons mêmes ont encore quelque amour pour l'ordre. Ils sont prêts à s'y conformer, lors qu'il n'éxige rien qui soit contraire à leur amour propre ; & peut-être y en a-t-il qui lui offriroient volontiers quelque leger sacrifice. Ils ne sont pas tous

également méchans : ils ne font
donc pas tous également oppofez à
l'Ordre. Judas étoit un miférable
que l'avarice dominoit : néanmoins
on peut croire, que pour délivrer de
la mort le meilleur de fes amis, il
auroit bien facrifié quelque peu d'argent. Il vendit le Sauveur pour trente
deniers : mais peut-être qu'il ne l'auroit pas livré fi la fomme euft été plus
petite. Pour eftre vertueux, il ne
fuffit donc pas d'aimer l'ordre: il faut
l'aimer plus que toutes chofes ; il
faut avoir une refolution ferme de le
fuivre par tout, quoi qu'il en coûte. Il
faut être preft à lui facrifier, non
quelques petits plaifirs, ou quelques
légéres douleurs, mais fon bonheur,
fa réputation, la vie prefente, dans
l'efpérance de recevoir de Dieu une
récompenfe digne de lui.

XVII. Je croi mêmes devoir ajoûter à tout cela qu'une fimple réfolu-
tion, quelque forte qu'elle foit, de
fuivre l'Ordre en toutes chofes, ne
juftifie pas devant Dieu. Car Dieu,
jufte Juge des difpofitions des efprits, ne juge pas une ame fur des
mou-

mouvemens actuels & passagers : il
la juge sur ce qu'il trouve en elle de
stable & de permanent. Les actes
passent;& celui qui se trouvant tout
émeu de la beauté de l'Ordre , prend
une sainte résolution de lui sacrifier
toutes choses , doit encore craindre
pour lui-même. Car il n'arrive presque jamais qu'un acte seul forme la
plus grande des habitudes ; & que
le mouvement actuel de l'esprit dé-
truise une disposition invéterée d'o-
béïr aux mouvemens de l'amour
propre. Au contraire les habitudes
sont stables:& quoi que le juste tombe sept fois, qu'il se console : Dieu
connoît le fond de son cœur. Mais
qu'il prenne garde que la concupiscence ne le séduise & ne le corrom-
pe , & que les objets sensibles , faisant à tous momens des impressions
dangereuses sur son imagination, elle
ne se révolte quelque jour ouverte-
ment contre les loix sévéres qui la
désolent. Car l'habitude de la charité
est bien plus délicate,bien plus difficile à acquerir & à conserver que les
habitudes criminelles ; parce qu'un

seul acte deliberé, un seul peché mortel la dissipe toûjours. Un homme est juste devant Dieu, lors que son cœur est véritablement plus disposé à aimer le bien que le mal d'un amour libre & raisonnable, soit que cette disposition soit acquise par des actes d'amour libres & raisonnables, ou autrement. Mais, comme on ne sent pas ses habitudes, comme on ne connoît que ce qui se passe actuellement dans l'ame, & que la charité ne se fait pas sentir comme la concupiscence, qui est souvent excitée, on ne peut s'assurer de l'état où l'on est. Ainsi on doit toûjours se défier de soi-même, sans se décourager : & travailler jusqu'à la mort à détruire l'amour propre ou la concupiscence qui se renouvelle sans cesse ; & à fortifier l'amour de l'Ordre qui s'affoiblit ou se corrompt, dés qu'on ne veille point sur soi-même.

XVIII. Il faut bien remarquer pour la suite, qu'il y a des actes d'amour de deux sortes ; des actes d'amour naturels, ou purement volontaires, & des actes libres. Tout plaisir produit inmancablement dans l'ame le mouvement naturel de l'amour, ou fait que l'on aime d'un amour naturel, néceſſaire, ou purement volontaire l'objet qui cauſe ou qui ſemble cauſer ce plaiſir. Mais tout plaiſir ne produit pas l'amour libre : car l'amour libre ne ſe conforme pas toûjours à l'amour naturel. Cét amour ne dépend pas uniquement du plaiſir : il dépend de la Raiſon , de la liberté , de la force qu'a l'ame de réſiſter au mouvement qui la preſſe. C'eſt le conſentement de la volonté qui fait la différence eſſentielle de cette eſpéce d'amour. Or ces deux actes différens d'amour forment des habitudes , chacun de leur eſpéce. L'amour naturel laiſſe dans l'ame une diſpoſition d'amour naturel : l'amour de choix laiſſe une habitude d'amour de choix. Car quand on a ſouvent conſenti à l'amour d'un bien , on a une pente ou facilité à y conſentir de nouveau.

XIX. On doit donc remarquer que toute diſpoſition d'amour , ſoit naturel , ſoit libre , corrompt

F   ij

l'ame, & la rend digne de la haine de Dieu, si son objet est la créature; & la rend juste & agréable à Dieu, si c'est le Createur : pourvû neanmoins que la disposition d'amour naturel soit seule dans le cœur. Car s'il y a dans un cœur deux amours habituels de differente espéce, Dieu n'a point d'égard à l'amour naturel, mais à l'amour libre.

XX. Par exemple, un enfant qui vient au monde, est pécheur & digne de la colére de Dieu : parce que Dieu aime l'Ordre, & que le cœur de cét enfant est dereglé, ou tourné vers les corps, par une disposition habituelle d'un amour naturel, nécessaire, ou purement volontaire, qu'il tire de ses parens sans consentement de sa part. Adam, au premier instant de sa création, étoit juste, parce que son cœur étoit disposé à aimer Dieu, quoi qu'alors il n'eust point encore acquis l'habitude de consentir à cét amour. La disposition ou l'habitude naturelle, lors qu'elle est seule corrompt donc ou justifie l'ame. Car lors qu'il n'y a dans

Voyez le chap. 7. du 2. vol. de la Rech. de la verité, & l'éclairc. sur ce même chapitre.

un cœur qu'un amour habituel, &
que cét amour est bon, il n'y a rien
que d'aimable aux yeux de celui qui
aime l'ordre : & c'est le contraire si
cét amour est mauvais. Mais lors
qu'il y a deux habitudes d'amour de
différente espece, Dieu n'a d'égard
qu'à célle qui est libre. Apparemment les justes ont beaucoup plus de
facilité & de disposition naturelle à
aimer les corps qu'à aimer les vrais
biens. Les plaisirs sensibles étant
presque continuels, & la délectation
prévenante de la grace étant beaucoup plus rare ; ils sont plus dispo-
sez, de cette espéce d'habitude qui
est une suite naturelle du plaisir,
à aimer les objets sensibles que les
vrais biens. Cela est évident par ce
qui leur arrive durant le sommeil,
ou lors qu'ils ne sont point sur leurs
gardes , & qu'ils agissent sans réflêxion ; car ils suivent alors presque
toûjours les mouvemens de la concupiscence. Or ces déréglemens ne
les corrompent point , parce que
l'habitude de la vertu n'en est point
changée ; les actes qui ne sont

point libres ne pouvant changer les habitudes libres , mais seulement les habitudes de mesme espéce. Il est donc visible par tout ce que nous avons dit , *que l'amour de l'Ordre qui nous justifie devant Dieu , doit estre un amour habituel , libre & dominant de l'ordre immüable.* Ainsi , lors que je parlerai dans la suite de l'amour de l'Ordre , j'entendrai ordinairement cét amour habitüel , & non point l'amour actüel , ni l'habitüel naturel , ni l'amour qui n'est point dominant , ni aucun autre mouvement , ou disposition de l'ame.

# CHAPITRE IV.

*Deux veritez fondamentales de ce traitté. La premiere, les actes produisent les habitudes, & les habitudes les actes. La seconde, l'ame ne produit pas toûjours les actes de son habitude dominante. Ainsi le pecheur peut ne point commettre tel peché, & le juste peut perdre la charité : parce qu'il n'y a point de pecheur sans amour pour l'ordre, ni de juste sans amour propre. On ne peut devenir juste devant Dieu par les forces du libre arbitre. En general moyens pour acquerir & conserver la charité. Ordre que je suivrai dans l'explication de ces moyens.*

I. POur expliquer nettement les moiens d'acquerir & de conserver l'amour dominant de l'Ordre immüable, il faut supposer deux véritez fondamentales de la premiere partie de ce traitté. La premiere, qu'ordinairement les vertus s'acquiérent & se fortifient par les actes. La

seconde, que lors qu'on agit, on ne
produit pas toûjours les actes de la
vertu qui domine : ce que je dis de
la vertu , je l'entens de toutes les
habitudes bonnes ou mauvaises , &
même des passions qui nous sont naturelles.

II. Tous les hommes sont assez
convaincus par leur propre expérience , que les actes forment & conservent les habitudes , qui ont quelque
rapport au corps. Par exemple , tout
le monde demeure d'accord que l'on
peut acquerir par des actes l'habitude de danser , de joüer des instru-
mens, de parler une langue. Plusieurs
sont persuadez qu'à force de boire
on devient yvrogne , que le commerce des femmes rend mou & effemi-
né , & qu'avec des gens de guerre on
devient ordinairement vaillant ou
brutal. Mais il y a peu de gens qui
fassent sérieusement réfléxion , que
l'ame même par ses propres actes
prend des habitudes , dont elle ne
peut pas facilement se défaire. Un
Mathematicien s'imagine aisément
qu'il dépend de lui de ne point aimer
les

les Mathematiques , & d'en abandonner l'étude. Un ambitieux se persuade follement qu'il n'est point esclave de sa passion ; & chacun croit, quoi que miserablement asservi à quelque mauvaise habitude , qu'il ne dépend que de lui de rompre tout d'un coup les liens qui le captivent. C'est mêmes sur ce principe qu'on remet toûjours à se convertir. Car, comme pour se convertir, il ne faut que mépriser des biens qu'on reconnoît vains & méprisables , & aimer Dieu, qui certainement merite seul d'être aimé ; chacun se persuade qu'il a , & qu'il aura toûjours assez de raison & de force pour former & pour éxecuter un dessein si juste & si raisonnable.

III. De plus, comme la volonté n'est jamais forcée , on s'imagine que tout ce qu'on veut, on le veut précisément parce qu'on le veut. On ne pense point que nos volontez s'excitent en nous en conséquence de nos dispositions interieures. Parce qu'en effet ces dispositions étant des modifications de nôtre être propre ,

Partie I.                              G

qui nous font inconnuës, elles nous font vouloir de maniere, qu'il femble que cela ne dépende que de nous : car nous voulons fi gaïement, que nous croions que rien ne nous oblige à vouloir. Il eft vrai qu'alors rien ne nous oblige à vouloir , que nous-mêmes. Mais nôtre nous-mêmes n'eft point nôtre être purement naturel, ou parfaitement libre pour le bien & pour le mal : c'eft nôtre être difpofé à l'un ou à l'autre par des modifications qui le corrompent ou le perfectionnent , & qui nous rendent aux yeux de Dieu ou juftes ou pecheurs. Et ce font ces difpofitions-là qu'il faut ou augmenter ou détruire par les actes , qui font les caufes naturelles des habitudes.

IV. Mais pour cela il faut encore fuppofer cette autre vérité importante, que l'ame ne produit pas toûjours les actes de l'habitude qui domine en elle. Car il eft évident que fi celui, dont la difpofition dominante eft l'avarice , n'agiffoit jamais que par quelque mouvement d'avarice, bien loin de devenir liberal , fon

vice augmenteroit fans ceſſe ; ſelon
le principe que nous venons d'expo-
ſer , que les actes produiſent & fortifient les habitudes. Il faut mêmes
qu'il ſoit au pouvoir de l'homme
corrompu de produire des actes de
vertu , afin qu'il puiſſe ſe défaire de
ſes mauvaiſes habitudes , & devenir
homme de bien : mais cette propoſi-
tion doit eſtre expliquée.

V. Je dis donc à l'égard des habitudes particulieres , premierement
qu'un avare , par exemple , peut agir
par un mouvement d'ambition : &
cela n'eſt ni difficile à croire : ni difficile à prouver. Je dis en ſecond lieu
qu'un avare peut mêmes faire une
action contraire à l'avarice qui le domine. Car un avare peut auſſi être
ambitieux. Cela ſuppoſé , ſi ſa paſſion pour les richeſſes n'eſt point excitée , & que ſon ambition le ſoit :
ou ſi ſon avarice eſt moins excitée
que ſon ambition dans une proportion réciproque de la force de ces
deux paſſions, il eſt certain que l'a-
vare fera une action de liberalité , ſi
dans ce moment il ſe determine à

agir, ce qui certainement eſt en ſon
pouvoir. Car enfin on ne peut vouloir que le bien, & dans ce moment
l'avare trouvera meilleur de faire
cette action de liberalité que de ne
la pas faire, & de ſacrifier l'amour
qu'il a pour l'argent à celui qu'il a
pour la gloire. Ainſi il eſt évident que
le pecheur peut, par des raiſons d'a-
mour propre, ne pas ſuivre tel mouvement de ſes paſſions qu'on voudra déterminer, s'il peut réveiller
quelques paſſions contraires, & ſuf-
pendre juſques-là le conſentement
de ſa volonté. Mais cela ne ſuffit pas
encore pour faire comprendre que
celui qui peche, peut ne point pecher; que le pecheur peut ſe défaire
de ſes mauvaiſes habitudes,& le juſte perdre la charité.

VI. En effet il n'en eſt pas des habitudes particulieres de l'avarice ou
de la liberalité, comme de l'amour
de l'Ordre ou de l'amour propre : &
quoi qu'on demeure peut-être d'accord qu'un avare peut faire une action de liberalité, on me conteſtera
ſans doute qu'un païen puiſſe faire

une action conforme à l'Ordre , &
par amour pour l'Ordre. Mais pour
moi je ne veux point contester. Je
vas tâcher d'expliquer nettement
ma pensée. Que chacun suive ce que
l'évidence de la Raison & l'autorité
de la foi l'obligent à croire , & m'a-
bandonne moi , s'il reconnoit que je
m'écarte du chemin qui me doit conduire dans la  recherche de la verité.

VII. Si les pécheurs ou les payens
n'avoient nul amour pour l'Ordre,
ils seroient incorrigibles en toutes
manieres : si les justes n'avoient plus
d'amour propre , ils seroient impec-
cables. Car les actes forment & conservent les habitudes selon le principe que je viens d'expliquer. Or le
pécheur n'a que de l'amour propre ,
on le suppose. Il ne peut donc agir
que par amour propre. Toutes ses
actions augmentent donc la corruption de son cœur. Le juste au contraire n'a de l'amour que pour l'ordre , on le suppose. Il ne peut donc
agir que par amour pour l'Ordre :
Toutes ses actions augmentent donc
sa vertu. Le pécheur est donc incor-

rigible, & le juste impeccable dans
la supposition, que le pecheur ou le
payen n'a que de l'amour propre,
& le juste que de l'amour pour l'Ordre. Mais je croi avoir suffisamment
prouvé dans le chapitre précedent,
que dans les plus grands pécheurs,
il y a toûjours quelque disposition à
aimer l'ordre ; & je ne pense pas
qu'on puisse douter que les plus gens
de bien ne conservent toûjours quelque reste de l'amour propre.

VIII. Il est vrai qu'un payen, ne
peut jamais acquerir la charité, ni
faire d'action qui merite les secours
necessaires pour acquerir la charité,
ou l'amour dominant de l'Ordre im-
mūable : mais il peut faire des actions conformes à l'ordre des actions bonnes & meritoires. Car un
payen a toûjours quelque idée de
l'ordre. Cette idée est ineffaçable.Un
payen a toûjours quelqu'amour pour
l'ordre. Cet amour est naturel & immortel. Or tout amour est agissant,
lors qu'il est excité. Donc si l'amour
propre ne s'oppose à l'action de l'a-
mour pour l'Ordre, l'amour de l'Or-

dre excité produira ses actes & agira. Et mêmes, quoi que l'amour propre s'oppose à l'amour de l'Ordre, si l'amour de l'Ordre est plus excité que l'amour propre, en proportion réciproque de la grandeur de ces deux amours habituels, & de leur mouvement actuel, l'amour pour l'Ordre surmontera l'amour propre, si dãs ce momét on se determine à agir.

IX. On conduit par exemple un innocent au supplice. L'Ordre le deffend, un payen le sçait; & peut en disant une parole empêcher ce desordre. La mort ou la vie de cet homme ne touche point à son amour propre, je le suppose. Certainement il empechera, ou du moins il aura assez de force & de raison pour parler & empêcher ce desordre. Pour moi je ne doute nullement qu'il ne l'empechast dans la supposition telle que je la fais, car naturellement tous les hommes aiment l'Ordre; & ils y sont tellement unis, qu'on ne peut blesser l'Ordre sans les offenser eux-mêmes en quelque maniere. Les mêmes choses supposées, quoi que cet homme soit avare, si sa passion est un peu endormie, ou quoi qu'excitée, si on ne lui demande qu'un soû par exemple pour delivrer cet homme de la mort, certainement il fera, ou du moins il pourra faire une action opposée à son amour propre ; parce qu'effectivement elle lui est peu opposée, & que l'ordre qu'il est disposé naturellement à aimer, seroit extrémement blessé, s'il ne faisoit pas ce petit Sacrifice.

X. Or ces actions sont bonnes, parce qu'elles sont conformes à l'Ordre ; & elles sont méritoires, parce qu'elles sont accompagnées du Sacrifice qu'on fait de l'amour propre à l'amour de l'Ordre. Mais ces actions ne sont point méritoires des vrais biens, ni de rien qui conduise à leur possession : parce qu'elles ne sont que de legers Sacrifices, & qu'elles procédent d'un cœur corrompu, d'un cœur où l'amour propre est absolument le maître.

XI. On ne peut avoir droit aux vrais biens, qu'on ne soit juste aux yeux de Dieu : & l'on ne peut être juſte devant Dieu , qu'on n'ait plus de diſpoſition à aimer l'Ordre que toute autre choſe , & que ſoi-même; ou ce qui revient au meſme , qu'on ne ſoit diſpoſé à ne s'aimer que ſelon l'Ordre , à ne vouloir être heureux qu'autant qu'on le mérite. Ainſi, quand même on ſuppoſeroit qu'un payen aimeroit d'un amour actuel l'Ordre plus que toutes choſes , ce qui ne ſe peut faire que par le mouvement de la grace ; Dieu qui ne juge pas l'ame ſur ce qu'il trouve en elle de paſſager , mais ſur ſes diſpoſitions ſtables & permanentes , ne pourroit pas la regarder comme juſte & ſainte. Car un acte d'amour de Dieu ſur toutes choſes ne peut pas naturellement changer l'habitude inveterée de l'amour propre. Cela ne ſe peut ſans l'uſage des Sacremens que Jeſus-Chriſt a inſtituez pour nôtre juſtification , pour donner à un ſeul acte d'amour de Dieu la force d'en produire l'habitude , laquelle ſeule donne droit aux vrais biens. Ainſi nul Philoſophe , ni Socrate ni Platon ni Epictete , quelque éclairez

*J'expliquerai ceci dans le ch. 8.*

qu'ils aient été fur leurs devoirs , ni
même ceux qu'on peut fuppofer
avoir répandu leur fang pour l'Ordre
de la juftice , ne peuvent être fauvez,
s'ils n'ont receu la grace que la foi
feule obtient : puis que Dieu jufte
juge ne les a pû juger que fur la difpofition permanente de leur volonté;
& que quand il feroit naturellement
poffible de tendre le coup au bou-
reau par un mouvement actuel d'a-
mour pour la juftice , cela feul ne
changeroit pas la difpofition naturelle & inveterée de l'amour propre :
difpofition confirmée & augmentée
à tous momens par le mouvement de
la concupifcence durant tout le cours
de la vie.

XII. Neanmoins comme les payens confervent toûjours quelque
amour pour l'Ordre , ils peuvent
éviter le peché qu'ils commettent, en
réveillant cet amour , en évitant ce
qui excite l'amour propre , & en ne
confentant point avant que d'être
forcez à confentir , comme j'expliquerai dans la fuitte. Mais véritablement ils ne peuvent point accomplir

les commandemens de Dieu. Ils ne peuvent aimer l'ordre plus qu'eux mêmes en toutes occasions. La Raison nous en doit convaincre ; & la foi nous apprend qu'ils ne le peuvent jamais. Il n'y a que ceux qui ont la foi qui le puissent : & mêmes entre ceux-là , tous n'en ont pas un égal pouvoir. Il n'y a que les justes à qui rien ne manque. Pour les autres ils peuvent prier , s'ils connoissent leur foiblesse & s'ils veulent en estre guéris. Ils peuvent par le secours de leur foi , & en conséquence des promesses de Jesus-Christ, & non par la nécessité de l'Ordre immuable de la justice, meriter le pouvoir prochain d'observer en toutes occasions les commandemens de Dieu.

XIII. Je reprens en peu de paroles les veritez essentielles que je viens de prouver, & qui sont nécessaires pour la suitte. Les habitudes s'acquierent & se fortifient par les actes. Or l'habitude qui domine , n'agit pas toûjours : on peut faire des actes qui n'y ont nul rapport , & quelquefois qui lui sont opposez. L'homme peut donc changer d'habitudes.

XIV. De plus il n'y a point d'homme quelque corrompu qu'il soit, qui n'ait quelque difpofition à aimer l'Ordre. Tout homme libre & raifonnable peut donc fe corriger, je ne dis pas fe rendre jufte.

XV. Mais en fuppofant les fecours de la grace , tout homme peut fe rendre jufte. Car l'amour dominant de l'Ordre immüable qui nous juf-tifie devant Dieu , eft une dif-pofition ftable & permanente , c'eft une habitude. Or on peut acquerir cette habitude par le fecours de la grace : non feulement parce qu'on peut par le moien de la grace actuel-le former librement tant d'actes d'a-mour de l'Ordre fur toutes chofes , ou de fi fervens que l'habitude en re-fultera ; mais plus facilement & plus furement, parce qu'on peut s'appro-cher des Sacremens dans le mou-vement de cet amour , & que les Sacremens de la nouvelle alliance ré-pandent dans les cœurs la charité juf-tifiante.

XVI. Tout ce qu'il y a donc à

faire pour acquerir & pour conferver l'amour dominant de l'Ordre immuable, ou pour abréger les termes,
l'amour de l'Ordre confifte à rechercher avec foin , quelles font les chofes qui réveillent cet amour , & qui
lui font produire fes actes , & quelles
font celles qui peuvent empêcher le
mouvement actuel de l'amour propre. Or je ne vois que deux principes
qui déterminent le mouvement naturel de la volonté , & qui excitent
les habitudes , fçavoir la lumiere &
le fentiment. Sans l'un ou l'autre de
ces deux principes il ne fe forme
point naturellement d'habitude , &
celles qui font formées demeurent
fans action. Si l'on fait attention au
fentiment intérieur qu'on a de foi-
même , on fe perfuadera facilement
que la volonté n'aime jamais actuellement le bien que la lumiere ne le
découvre , ou que le plaifir ne le
rende préfent à l'ame. Et fi on confulte la Raifon, on reconnoîtra que
cela doit être ainfi ; car autrement
l'auteur de la nature imprimeroit
dans la volonté des mouvemens inutiles.

XVII. Il n'y a donc que la lumiere & le plaifir qui excitent dans l'ame quelque mouvement actuel. La lumiere qui lui découvre le bien qu'elle aime par une impreffion invincible : le plaifir qui l'affure qu'il eft actuellement prefent. Car jamais l'ame n'eft mieux convaincuë de la prefence de fon bien, que lors qu'elle fe trouve actuellement touchée du plaifir qui la rend heureufe. Cherchons maintenant les moïens par lefquels nous pouvons faire que la lumiere fe répande dans nos efprits , & que nos cœurs foient touchez par des fentimens propres à nôtre deffein, qui eft d'exciter en nous des actes de l'amour de l'Ordre , & de nous empêcher de former ceux de l'amour propre ; car il eft évident que tous les preceptes de la Morale dependent abfolument de ces moïens. Voici l'ordre que je garderai dans cette recherche.

XVIII. J'examinerai d'abord les moïens que nous avons pour devenir éclairez fur nos devoirs. La lumiére doit toûjours paffer la premiere, outre qu'il dépend beaucoup plus de nous de voir le bien que de le goû-ter. Car ordinairement nos volontez font les caufes occafionnelles directes & immédiates de nos connoiffances, & elles ne le font jamais de nos fen-timens. Enfuitte j'éxaminerai quelles font les caufes occafionnelles de nos fentimens, & le pouvoir que nous avons fur elles , afin que par leur moïen nous puiffions determiner l'Auteur de la grace & de la nature à nous toucher de maniere , que l'a-mour de l'Ordre fe réveille & nous anime , & que l'amour propre ou la concupifcence demeure fans mouve-ment.

XIX. Je commencerai par les fen-timens que Dieu produit en confé-quence de l'Ordre de la grace , parce que ceux-là peuvent exciter en nous des actes d'amour de l'ordre , capa-bles d'en former l'habitude. Enfuitte je parlerai des fentimens que Dieu produit en nous en conféquence de l'ordre de la nature : fentimens qui ne peuvent qu'indirectement affoi-blir nos mauvaifes habitudes , &

qu'il est presque toûjours à propos
d'éviter, pour conserver à l'ame le
pouvoir & la liberté d'aimer les vrais
biens, & de vivre selon l'Ordre. Car
les diverses manieres dont on se pri-
ve de ces sentimens sont une des
principales parties de la Morale ;
& la pluspart des noms de vertu ne
sont inventez que pour exprimer les
dispositions qu'on acquiert à eviter
ces sentimens, qui ébranlent & dére-
glent l'ame.

CHA

# CHAPITRE V.

*De la* Force *de l'esprit. Nos desirs sont les causes occasionnelles de nos connoissances. Il est difficile de contempler les idées abstraites, & la force de l'esprit consiste dans l'habitude qu'on a prise de supporter le travail de l'attention. Moiens pour acquerir cette force d'esprit. Il faut faire taire ses sens, son imagination & ses passions, regler ses études, ne méditer que sur des idées claires. &c.*

I. LA foi & la raison nous assurent que Dieu seul est la cause véritable de toutes choses : mais l'expérience nous apprend qu'il n'agit que selon certaines loix qu'il s'est faites, & qu'il suit constament. Par exemple c'est Dieu seul qui meut les corps : il faudroit peut-être bien du discours pour en convaincre certaines gens. Mais, cela supposé, comme ayant été prouvé ailleurs, il est évident par l'expérience, que Dieu

Partie I.                    H

*sur le ch. 3. de la 2. part du 6. liv. de la Recher. de la Verité. Entr. sur la Metap. 7. entr. Recherche de la Verité l. 3. part. 2. Entr. sur la Metaphysique.*

ne meut les corps, que lors qu'ils sont choquez. Ainsi on peut dire que le *choc* des corps est la cause *occasionnelle* qui détermine infailliblement l'efficace de la loi générale par laquelle Dieu produit dans son ouvrage mille mouvemens divers.

II. Il n'y a aussi que Dieu qui répande la lumiére dans les esprits : c'est une vérité que j'ay déja suffisamment expliquée. Mais il ne faut point chercher ailleurs qu'en nous-mêmes la cause *occasionnelle*, qui le détermine à nous la communiquer. Dieu par une loi generale, qu'il suit constamment & dont il a préveu toutes les suittes, a attaché la présence des idées à l'attention de l'esprit : car lors qu'on est le maître de son attention, & qu'on en fait usage, la lumiere ne manque pas de se répandre en nous à proportion de nôtre travail. Cela est si vrai, que l'homme ingrat & stupide s'en fait un sujet de vanité : il s'imagine être la cause de ses connoissances, à cause de la fidelité avec laquelle Dieu exauce ses desirs. Car, ayant un sentiment intérieur de son attention, & n'ayant aucune connoissance de l'opération de Dieu , il regarde l'effort de ses desirs, qui devroit le convaincre de son impuissance, comme la cause véritable des idées qui accompagnent cet effort.

III. Or Dieu a dû établir en nous les causes *occasionnelles* de nos connoissances pour bien de raisons, dont la principale est, que sans cela nous n'eussions pas été les maîtres de nos volontez. Car, comme nos volontez doivent être éclairées pour être excitées ; s'il n'étoit nullement en nôtre puissance de penser, il n'y seroit pas de vouloir. Nous ne serions donc point libres d'une parfaite liberté, ni par conséquent en état de mériter les vrais biens pour lesquels nous sommes faits.

IV. L'attention de l'esprit est donc une priére naturelle , par laquelle nous obtenons, que la Raison nous éclaire. Mais depuis le peché l'esprit se trouve souvent dans des secheresses effroiables. Il ne peut prier : le travail de l'attention le fatigue & le

défole. En effet ce travail eſt grand
d'abord, & la récompenſe fort me-
diocre; & d'ailleurs on ſe ſent à tous
momens ſollicité, & preſſé; agité
par l'imagination & les paſſions, dont
il eſt doux de ſuivre l'inſpiration &
les mouvemens. Cependant c'eſt une
néceſſité; il faut invoquer la Raiſon
pour en être éclairé. Il n'y a point
d'autre voie pour obtenir la lumiére
& l'intelligence que le travail de l'attention. La foi eſt un don de Dieu,
qui ne ſe mérite point: mais l'intelligence ne ſe donne ordinairement
qu'aux mérites. La foi eſt pure grace
en tous ſens: mais l'intelligence de
la vérité eſt tellement grace, qu'il faut
la mériter par le travail ou la coopé-
ration à la grace.

V. Or ceux qui ſont faits à ce travail, & qui ſont toûjours attentifs à
la vérité qui les doit conduire, ont
une diſpoſition qui mériteroit ſans
doute un nom plus magnifique que
ceux qu'on donne aux vertus les plus
éclatantes. Mais, quoi que cette habitude ou cette vertu ſoit inſéparable
de l'amour de l'Ordre, elle eſt ſi peu

connuë parmi nous , que je ne sçai si
nous lui avons fait l'honneur de
lui donner un nom particulier. Qu'il
me soit donc permis de la désigner
par le nom équivoque de *force d'esprit*.

VI. Pour acquerir cette véritable
*force* par laquelle l'esprit supporte le
travail de l'attention , il faut commencer de bonne heure à travailler.
Car naturellement on ne peut acquerir les habitudes que par les actes : on ne peut se fortifier que par
l'exercice. Mais c'est peut-être la difficulté que de commencer. On se sou-
vient qu'on a commencé , & qu'on
a été obligé de cesser. De là on se
décourage : on se croit inhabile à la
méditation : on renonce à la Raison.
Si cela est , quoi qu'on dise pour
justifier sa paresse & sa négligence,on
renonce à la vertu , du moins en
partie. Car , sans le travail de l'attention , on ne comprendra jamais la
grandeur de la Religion , la sainteté
de la Morale , la petitesse de tout ce
qui n'est pas Dieu , le ridicule des
passions , & toutes ses miséres inté-

rieures. Sans ce travail l'ame vivra
dans l'aveuglement & dans le defordre, puis qu'il n'y a point naturellement d'autre voie pour obtenir la
lumiere qui doit nous conduire. On
fera éternellement dans l'inquiétude
& dans un embaras étrange : car on
craint tout lors qu'on marche dans
les ténébres, & qu'on fe croit environné de précipices. Il eſt vrai,
que la foi conduit & foûtient, mais
c'eſt parce qu'elle produit toûjours
quelque lumiére par l'attention
qu'elle excite en nous : car il n'y a
que la lumiére qui puiſſe bien raſſu-
rer les efprits, lors qu'ils ont autant
d'ennemis à craindre que nous en
avons.

VII. Que faire donc pour commencer fans fe rebutter ? Voyons ce qui
nous rebutte. On medite avec peine
& fans récompenfe. D'un côté la peine défole : de l'autre la récompenfe
ne confole point affez. Il faut donc
diminüer la peine & augmenter la
récompenfe. Cela eſt clair. Mais rien
n'eſt plus difficile. Cela même eſt
impoſſible à l'égard de la plus part

des hommes : & c'est pour cela qu'il nous falloit une voye abrégée de nous assurer de la vérité; & que l'autorité visible de l'Eglise étoit nécessaire pour nous conduire. Car ceux mêmes qui ont le plus d'esprit , s'ils s'écartent de la foi, ou s'ils abandonnent l'analogie de la foi, ils s'écartent du chemin qui méne à l'intelligence. Ils rompent l'enchainement des veritez , qui toutes se tiennent de maniére, qu'une seule fausse vérité étant supposée, on peut renverser toutes les sciences , si l'on sçait raisonner consequamment.

VIII. Pour diminuer la peine qu'on trouve dans la meditation , il faut éviter tout ce qui partage inutilement la capacité de l'esprit : & comme rien ne le partage davantage que ce qui le touche, que ce qui le frappe , que ce qui l'agite ; il est visible qu'on doit éviter avec soin tous les objets qui flattent les sens & qui réveillent les passions. Les sentimens & les passions étant des modifications vives & sensibles de la substance propre de l'ame, il est nécessaire

que toutes les idées intelligibles qui
ne la modifient que legerement , se
dissipent à la présence des objets
sensibles , quelqu'effort qu'on fasse
pour retenir ces idées , & en reconnoître les rapports. De plus on est
persuadé qu'il dépend de nous de
rappeller les idées intellectüelles , &
l'experience apprend que nos volontez ne sont point les causes occasionnelles de nos sentimens. Ainsi on
s'arréte volontiers aux sentimens ,
par lesquels on joüit des biens qui
passent , & qu'on ne peut rappeller ;
& on laisse là les idées pures , dans
lesquelles on découvre la vérité qui
demeure , & que l'on peut contempler dés que l'on souhaitte. Car il
faut se déterminer promptement sur
les biens qui nous échappent , & on
peut remettre à éxaminer ceux qui
sont stables , & toûjours présens. Enfin on veut étré actüellement heureux : on ne veut jamais être malheureux. Le plaisir actüel rend
actüellement heureux , & la douleur
malheureux. Donc tout sentiment ,
qui participe ou du plaisir ou de la
dou-

douleur, occupe l'esprit. Tout mouvement de l'ame, qui a le bien ou le mal actüel pour objet, domine la volonté. Ainsi il faut faire de tres-grands efforts pour contempler la vérité, lors que nos sens sont frappez, & nos passions émües : & comme l'expérience nous apprend que ces efforts sont alors assez inutiles, il n'est pas possible que l'ame fatiguée ne se chagrine & ne se rebutte. C'est pour cela que ceux qui traittent de l'oraison, donnent cet avis important, qu'il faut travailler sans cesse à la mortification de ses sens, ne point se mêler des affaires qui ne nous regardent pas, & qui peuvent dans la suite, à cause de nôtre engagement indiscret, exciter en nous mille mouvemens importuns.

IX. La seconde chose qu'il y a à faire, c'est d'éviter autant qu'on le peut toutes les sçiences & tous les emplois qui n'ont que de l'éclat ; les sçiences ou la memoire seule travaille, l'étude & l'emploi ou l'imagination s'exerce trop. Lors que l'homme a la tête pleine, content de

ſes richeſſes prétenduës & enflé d'orgüeil, il mépriſe le travail de l'attention ; ou s'il en reconnoît la neceſſité,
il faudroit faire de trop grands efforts
pour éloigner toutes les fauſſes idées
que ſa memoire lui fournit. Et lors
que l'imagination s'eſt trop exercée,
l'évidence de la vérité ne nous touche plus vivement :  parce qu'effectivement rien n'eſt plus  oppoſée à la
Raiſon qu'une imagination trop inſ-
truite , trop délicate , trop agiſſante,
ou pluſtoſt maligne & corrompuë.
Car l'imagination doit toûjours ſe
taire, lors que la Raiſon prononce ;
& quand on a coûtume de l'exercer,
elle interrompt & ſe révolte ſans
ceſſe. Auſſi voyons-nous que les ſça-
vans dont je parle n'ont guéres de
pieté, ni les prétendus eſprits forts de
Religion : parce qu'effectivement il
n'y a point de plus grand aveuglement que celui dont les uns & les
autres ſont frappez; L'orgüeil éteint
en eux toutes les lumiéres ; parce
qu'étant toûjours  tres - ſatisfaits
d'eux-mêmes , raſſaſiez ou pluſtot
ſans faim pour la vérité, ils ne peu-

vent pas fe refoudre à gagner à la fueur de leur front le pain de l'ame, nourriture dont ils ne peuvent pas goûter la faveur.

X. L'homme doit travailler de l'efprit pour gagner la vie de l'efprit, c'eſt une neceſſité abſoluë. Mais, travailler de l'efprit pour gagner de l'or, pour acquerir de l'honneur, rien n'eſt plus fervile. Qu'un artifan travaille du corps , pour gagner la vie du corps, pour avoir du pain, cela eſt dans l'ordre: du moins peut-il en remüant fon corps fe nourrir l'efprit, & l'occuper de bonnes penfées. Mais qu'un magiftrat, qu'un homme d'affaires , qu'un marchand prodigue la force de fon efprit pour acquerir du bien , inutile fouvent à la vie de fon corps , & toûjours dangereux à celle de fon efprit , c'eſt une infigne folie. Il faut donc en troifiéme lieu éviter tous les emplois qui ôtent la liberté de l'efprit, fi Dieu n'y engage par une vocation extraordinaire. Car , fi la charité , l'ordre de l'état où l'on vit, nous y oblige , & que nous ne prenions de charge, qu'autant que nous

en pouvons porter; Dieu supplêra en
nous l'equivalent de ce que nous
eussions pû obtenir par le travail de
la méditation. Nous trouverons mêmes toûjours assez de temps pour
nous éxaminer sur nos devoirs, si ce
n'est point l'ambition , ou l'interest
qui nous anime dans l'exercice de
nôtre employ.

XI. Tout le monde sçait assez quelles sont les choses qui l'agitent, &
qui le dissipent : ou du moins chacun
peut s'en instruire en consultant l'ex-
periēce, ou le sentimēt interieur qu'-
on a de soi-même. De sorte que je ne
m'arréterai pas icy à marquer en dé-
tail ce que l'on doit faire pour facili-
ter la méditation. Il n'y a que le
corps qui appesantisse l'esprit : voilà
le principe de nôtre stupidité. Or
tous les objets sensibles n'agissent en
nous que par nôtre corps. Ainsi on
voit bien qu'il n'y a qu'à faire taire
ses sens, son imagination & ses passions, en un mot le bruit confus que
le corps excite en nous, pour entendre sans peine les réponses de la Vérité intérieure. Chacun sçait par sa

propre expérience que le corps est
assez calme, quand rien ne l'ébranle
au dehors, ou ne l'a déja trop ébranlé. Car, comme il conserve long temps
les traces, & les mouvemens qu'il a
reçeu des objets sensibles, j'avoüe
que l'imagination demeure salie &
blessée, lors qu'on a été assez indiscret pour se familiariser avec les plaisirs. Neanmoins la playe se referme-
ra, le cerveau se rétablira, si l'on évite
avec soin l'action des objets qui frappent nos sens, ce qu'on peut toûjours
du moins en partie. Je suppose pour
cela les secours nécessaires. Qu'on fasse de son côté ce qu'on peut : & bien
loin de méditer avec dégoust, on se
trouvera si bien récompensé qu'on
ne se repentira pas de son travail ;
pourveu néanmoins qu'on observe
la regle que je vas donner, sans laquelle quoi qu'on médite, on ne recevra jamais pour récompense la
veuë claire de la vérité. Je ne prétens
pas expliquer icy l'art de penser, ni
donner toutes les régles sur lesquelles l'esprit doit régler toutes ses dé-
marches dans la recherche de la vé-

I iij

rité. Je traitte de la Morale, fçience néceffaire à tous les hommes, & je laiffe la logique, que ceux-là feuls font obligez d'étudier à fond, qui veulent être en état de découvrir la verité fur toutes fortes de fujets.

XII. La feule régle que je fouhaitte qu'on obferve avec foin, c'eft de ne méditer que fur des idées claires & des expériences inconteftables. Méditer fur des fentimens confus & fur des expérienfes douteufes, travail inutile : c'eft contempler des phantômes & fuivre l'erreur. L'Ordre immüable & néceffaire, la loi divine eft auffi nôtre loi : ce doit être le principal fujet de nos méditations. Mais rien n'eft plus abftrait, & moins fenfible que cet Ordre. J'avoüe que l'Ordre rendu fenfible & vifible par les actions & les preceptes de JESUS-CHRIST, peut auffi nous conduire. Mais c'eft qu'effectivement cet ordre fenfible éleve l'efprit à la connoiffance de l'ordre intelligible : car le Verbe fait chair, n'eft nôtre modéle que pour nous conformer à la Raifon, modéle indifpenfable de toutes les intelligences , modéle fur lequel le premier homme a  été formé , modéle fur lequel  nous devons être reformez  par  la folie apparente de la foi , qui nous conduit  par nos fens à nôtre Raifon , à la contemplation de nôtre modéle  intelligible.

XIII. L'homme renverfé  par terre s'appuye fur la terre , mais c'eft pour fe relever. Jesus-Christ s'accommode à nôtre foibleffe , mais c'eft pour nous en tirer. La  foi ne parle à  l'efprit  que  par le  corps , il  eft  vrai ; mais c'eft afin que l'homme n'écoute plus fon corps , qu'il  rentre en lui-même , qu'il  contemple les veritables idées des chofes , & falle  taire fes fens , fon  imagination , & fes paffions. C'eft  afin qu'il commence fur  la terre à faire de fon  efprit l'ufage qu'il en fera dans  le Ciel , où l'intelligence fuccedera à  la  foi , ou le corps fera foûmis à l'efprit , ou la Raifon feule fera la  maîtreffe. Car le corps de lui-même ne parle à l'efprit que pour le bien du corps ; c'eft une vérité effentielle dont on ne peut trop fe convaincre.

I iiij

XIV. La Vérité & l'ordre ne confiftent que dans les rapports de grandeur & de perfection que les chofes ont entre elles. Mais comment découvrir ces rapports avec évidence, lors qu'on manque d'idées claires? Comment donnera-t'on à chaque chofe le rang qui lui convient, fi l'on n'eftime rien que par rapport à foi? Certainement fi on fe regarde comme le centre de l'univers, fentiment que le corps infpire fans ceffe, tout l'ordre fe renverfe, toutes les veritez changent de nature. Un flambeau devient plus grand qu'un étoille : un fruit plus eftimable que le falut de l'état. La terre que les Aftronômes regardent comme un point, par rapport à l'univers, eft l'univers même. Mais cet univers n'eft encore qu'un point par rapport à nôtre Etre propre. Dans certains momens que le corps parle, & que les paffions font émües, on eft preft, fi cela fe pouvoit, à le facrifier à fa gloire & à fes plaifirs.

XV. Par idées claires, dont je fais

le principal objet de ceux qui veulent connôître & aimer l'ordre, je
n'entens pas seulement celles entre
lesquelles l'esprit peut découvrir des
rapports éxacts & précis , comme
sont toutes celles qui sont l'objet
des Mathématiques , & qui peuvent
s'exprimer par nombres ou se repré-
senter par des lignes : j'entens généralement par des idées claires toutes
celles qui répandent quelque lumiere
dans l'esprit de ceux qui les con-
templent , ou desquelles on peut
tirer des conséquences certaines.
Ainsi je mets au nombre des idées
claires , non seulement les simples idées : mais les véritez qui
renferment les rapports qui sont entre les idées. Je mets de ce nombre
les notions communes, les principes
de Morale , en un mot toutes les véritez claires, soit par elles-mêmes, soit
par démonstration , soit même par
une autorité infaillible , quoi qu'à
parler exactement ces dernieres veritez soient plûtost certaines que claires & évidentes.

XVI. Par expériences incontesta-

I v

bles j'entens principalement les faits que la foi nous enseigne , & ceux dont nous sommes convaincus par le sentiment interieur que nous avons de ce qui se passe en nous. Si nous voulions nous conduire par les exemples , & juger des choses par l'opinion , nous nous tromperions à tous momens. Car il n'y a rien de plus équivoque & de plus confus que les actions des hommes , & souvent rien de plus faux que ce qui passe pour certain chez des peuples entiers. Au reste il est fort inutile de méditer sur ce qui se passe en nous, si c'est dans le dessein d'en découvrir la nature. Car nous n'avons point d'idée claire ni de nôtre Etre, ni d'aucune de ses modifications ; & on ne découvre jamais la nature des êtres qu'en contemplant les idées claires qui les représentent. Mais nous ne pouvons faire trop de réflêxion sur nos sentimens & nos mouvemens intérieurs , afin d'en découvrir les liaisons & les rapports, & les causes naturelles ou occasionnelles qui les excitent. Car cela est d'une consé-

*Rech. de la Ver. l. 3. p. 2. ch. 7. & les ecclaircissemens.*

quence infinie pour la Morale.

XVII. La connoissance de l'homme est de toutes les sciences la plus
nécessaire à nôtre sujet. Mais ce n'est
qu'une science expérimentale, qui
résulte de la réflêxion qu'on fait sur
ce qui se passe en soi-même. Réflêxion qui ne nous fait point connoître la nature des deux substances
dont nous sommes composez : mais
qui nous apprend les loix de l'union
de l'ame & du corps, & qui nous
sert à établir ces grands principes de
Morale sur lesquels nous devons régler nôtre conduite.

XVIII. La connoissance de Dieu
tout au contraire n'est point expérimentale. On découvre la nature &
les attributs Divins, lors qu'on sçait
contempler avec attention l'idée vas-
te & immense de l'Etre infiniment
parfait : car à l'égard de Dieu, il n'en
faut juger que sur l'idée claire qu'on
a de lui. C'est à quoi on ne prend
point assez garde, car la pluspart des
hommes jugent de Dieu par rapport
à eux. Ils le font semblable à eux
en plusieurs maniéres : ils se consul-

tent au lieu de confulter uniquement
l'idée  de l'Etre infiniment parfait.
Ainfi ils lui ôtent les attributs Divins
qu'ils ont peine à reconnoître, & lui
attribüent une fageffe , une puiffance , une conduite , en un mot des
fentimens femblables , du moins en
quelque chofe à ceux qui leur font
les plus familiers. Cependant la connoiffance de  nos  devoirs fuppofe
celle des  attributs Divins ; & nôtre
conduitte ne peut être feure , fi elle
n'eft établie & réglée fur celle que
Dieu tient dans l'éxecution de fes
deffeins.

XIX. La connoiffance de l'ordre
qui eft noftre loi indifpenfable , eft
mêlée d'idées claires & de fentimens
intérieurs. Tout homme fçait qu'il
vaut mieux être jufte que riche , que
fouverain , que conquerant. Mais
tout homme ne le voit pas par idée
claire.  Les enfans & les ignorans
fçavent  bien quand ils font mal.
Mais c'eft le reproche fecret de la
Raifon qui les reprend : ce n'eft pas
toûjours que la lumiére les éclaire.
Car l'ordre , pris fpeculativement &

précifement entant qu'il renferme les rapports de perfection , éclaire l'efprit fans l'ébranler ; & l'ordre, confideré comme la loi de Dieu, comme la loi de tous les efprits , confideré précifement entant qu'il a force de loi , car Dieu aime , & veut invinciblement qu'on aime l'Ordre, ou toutes chofes à proportion qu'elles font aimables : l'ordre , dis-je , comme principe & régle naturelle & néceffaire de tous les mouvemens de l'ame , touche, pénétre, convainc l'efprit fans l'éclairer. Ainfi on peut voir l'ordre par idée claire , mais on le connoît auffi par fentiment : parce que Dieu aimant l'Ordre , & nous imprimant fans ceffe un amour, un mouvement pareil au fien ; il eft neceffaire que nous foions inftruits par la voye courte & feure du fentiment, quand nous fuivons ou abandonnons l'Ordre immüable.

X X. Mais il faut prendre garde que le peché qui a introduit la concupifcence , rend fouvent peu feure la voye de difcerner l'Ordre par fentiment ou par inftinct : parce que

les inſpirations ſecrettes des paſſions
ſont de même nature que ce ſentiment intérieur. Car, quand on agit
contre l'opinion & la coûtume, on
ſent ſouvent des reproches intérieurs
aſſez ſemblables à ceux de la Raiſon & de l'Ordre. Avant le peché le
ſentiment du reproche intérieur n'é-
toit point un ſigne équivoque : car
alors il n'y avoit que ce ſentiment
qui parlaſt en maître. Mais depuis
le peché les inſpirations ſecretes des
paſſions ne ſont point ſoumiſes à nos
volontez. Ainſi il eſt facile de les
confondre avec les inſpirations de
la Vérité intérieure, lors que l'eſprit
n'eſt point écairé de quelque lumiére. C'eſt pour cela qu'il y a tant de
perſonnes qui de bonne foi défen-
dent des erreurs abominables. Une
fauſſe idée de Religion & de Morale
qui s'accommode avec leurs intereſts
& leurs paſſions leur paroît la vérité
même : & convaincus par le ſentiment intérieur qui juſtifie leurs excés, ils pouſſent leur zele indiſcret
& téméraire avec tout le mouvement
de l'amour propre.

XXI. Rien n'eſt donc plus ſeur que la lumiére : on ne peut trop s'arrêter aux idées claires ; & quoi qu'on puiſſe ſe laiſſer animer par le ſentiment, il ne faut jamais s'y laiſſer conduire. Il faut contempler l'Ordre en lui-même, & ſouffrir ſeulement que le ſentiment ſoutienne nôtre attention par le mouvement qu'il excite en nous. Autrement nos méditations ne ſeront point récompenſées de la veuë claire de la verité : le dégouſt nous prendra à tous momens;& toûjours inconſtans, incertains, embarraſſez,nous nous laiſſerons conduire aveuglement à noſtre caprice.

XXII. Il eſt vrai que lors que le cœur eſt corrompu, on n'eſt guéres en état de contempler l'Ordre en lui-même : on ne conſidére avec plaiſir que les rapports imaginaires que les choſes ont avec ſoi, & on mépriſe les rapports réels qu'elles ont entre elles. On peut alors aimer les Mathématiques : mais c'eſt qu'on s'en fait honneur, ou qu'on en tire du profit. C'eſt que les Mathématiques.

n'examinent que les rapports de
grandeur , & que l'Ordre ne consiste que dans des rapports de perfection. L'évidence de la verité est
toûjours agréable , lors qu'elle ne
blesse point nostre amour propre :
mais on n'aime point naturellement
une lumiere qui éclaire nos desordres
cachez ; une lumiere qui nous condamne , qui nous punit , qui nous
couvre de confusion & de honte.
Car l'Ordre , la loi Divine est une
loi terrible , menaçante , inéxorable.
Nul homme ne peut la contempler
sans crainte & sans horreur , dans le
temps qu'il ne veut point lui obeïr.
Tout cela est vrai. Mais quoi que le
cœur soit corrompu , l'amour propre
éclairé peut quelquefois arrêter ou
diminüer le mouvement des paf-
sions. On n'aime point le desordre
pour le desordre ; & l'on peut desirer
sa conversion , lors qu'on espére par
là augmenter ses plaisirs , assurer son
bonheur. Enfin , je suppose toûjours
les secours nécessaires : car j'avoüe
que sans le secours de la Grace , on
ne peut travailler comme il faut à sa

con

conversion, ni même avoir aucune bonne pensée, qui puisse contribüer à la guérison de nos maux.

## CHAPITRE VI.

*De la liberté de l'esprit. La grande régle c'est de suspendre son consentement autant qu'on le peut. C'est par l'usage de cette régle qu'on peut éviter l'erreur & le peché, comme c'est par la force de l'esprit qu'on se délivre de l'ignorance. La liberté de l'esprit aussi-bien que sa force est une habitude qui se fortifie par l'usage qu'on en fait. Exemples de l'utilité de son usage dans la Physique, dans la Morale, dans la vie civile.*

I. ON ne peut découvrir la vérité sans le travail de l'attention, parce qu'il n'y a que le travail de l'attention qui ait la lumiere pour récompense. Afin de supporter & de continuer le travail de l'attention, il faut avoir acquis quelque *force* d'esprit, & quelque autorité sur son corps, pour imposer silence à ses

fens, à fon imagination, à fes paffions , ainfi que j'ai dit dans le chapitre précedent.  Mais quelque force
d'efprit qu'on ait acquife, on ne peut
point travailler fans ceffe : & quand
cela fe pourroit , il y a des fujets fi
obfcurs , qu'il n'y a point d'efprit
qui les puiffe pénetrer. Ainfi, afin que
l'homme ne tombe point dans l'erreur , il ne fuffit pas qu'il ait l'efp it
fort pour fupporter le travail : il faut
de plus qu'il ait une autre vertu, que
je ne puis encore mieux défigner que
par le nom équivoque de *Liberté*
d'efprit, par laquelle l'homme retient
toûjours fon confentement , jufqu'à
ce qu'il foit invinciblement porté à
le donner.

II. Lors qu'on examine une quef-
tion fort composée, & que l'efprit fe
trouve environné de toutes parts de
fort grandes difficultez ; la Raifon
permet bien qu'on abandonne le
travail : mais elle ordonne indifpen-
fablement qu'on fufpende fon confentement, & qu'on ne juge de rien,
puis que rien n'eft évident. *Faire ufa-*
*ge de fa liberté.* AUTANT QU'ON LE

PEUT, c'est le précepte essentiel &
indispensable de la Logique & de la
Morale. Car il ne faut jamais croire
avant que l'évidence y oblige : il ne
faut jamais aimer ce qu'on peut sans
remords s'empêcher d'aimer. Je parle
de l'homme raisonnable, ou l'homme
qui se conduit uniquement par raison. Car le fidéle entant que fidéle,
a d'autres principes que la lumiere,
& l'évidence. Le politique même,
le citoien, le religieux, le soldat a ses
principes; & il est raisonnable qu'il les
suive, quoi qu'il ne voye pas encore
clairement & évidément qu'ils soient
conformes à la Raison. Mais quand la
Foi ne décide rien, il ne faut croire que
ce qu'on voit. Quand la coûtume ne
prescrit rien, il ne faut suivre que
la Foi & la Raison: & quoi que l'autorité humaine décide, & que la
coûtume autorise, si l'on reconnoît
clairement & évidemment qu'on se
trompe, il vaut mieux renoncer à
tout qu'à la Raison. Je dis à la Raison, & non aux sentimens, à l'imagination, aux inspirations secrettes
des passions : qu'on y prenne garde.

K ij

Je parle aussi de l'autorité sujette à
l'erreur, & non pas de l'autorité infaillible de l'Eglise, qui ne put jamais
se trouver contraire à la Raison. Car
JESUS-CHRIST ne peut jamais être
contraire à lui-même, la Verité incarnée à la Verité intelligible, le
chef qui conduit l'Eglise à la Raison
universelle qui éclaire tous les esprits:

III. La *force* de l'esprit est à la recherche de la verité ce que la *liberté*
de l'esprit est à la possession de la
même verité, ou du moins à l'infail-
libilité ou à l'exemption de l'erreur.
Car, par l'usage qu'on fait de la *force*
de son esprit, on découvre la verité,
& par l'usage qu'on fait de la *liberté*
de son esprit, on s'exempte de l'erreur. Comme l'esprit manquoit de
force & d'étenduë, la liberté luy étoit
necessaire, afin qu'il pust éviter l'erreur en suspendant son consentement, & que l'auteur de son estre ne
le fust point de ses desordres. Car la
liberté supplée à la foiblesse & à la
limitation de l'esprit humain: & celui qui est assez libre pour suspendre

toûjours fon confentement,quoi qu'il ne puiffe pas fe délivrer de l'igno-rance,mal neceffaire à tout efprit fini, il veut fe délivrer de l'erreur , & du peché qui rendent l'homme digne de mépris & fujet à la peine.

IV. Certainement fi l'on faifoit toû-jours ufage de fa liberté *autant qu'on le peut,* on ne confentiroit jamais qu'à l'evidence,qui feule ne trompe point, ainfi que je l'ai prouvé ailleurs;& qui feule auffi oblige la volonté à con-fentir. Car lors que l'efprit voit clair, il ne peut pas douter qu'il ne voye : lors que l'efprit a éxaminé tout ce qu'il y avoit à éxaminer pour décou-vrir les rapports ou les veritez qu'il cherche , il eft néceffaire qu'il fe re-pofe & qu'il ceffe fes recherches. De même à l'égard du peché , celui qui n'aime que ce qu'il reconnoift évi-demment pour vrai,bien que ce qu'il ne peut point s'empêcher d'aimer , n'eft point déréglé dans fon amour. Il n'aime que Dieu , car il n'y a que Dieu qu'on ne puiffe fans remords s'empêcher d'aimer. Il n'y a que lui qu'on reconnoiffe clairement & évidemment pour le vrai bien , pour la cause véritable du bonheur, pour l'être infiniment parfait , pour un objet capable de contenter l'ame, qui étant faite pour le bien univerfel peut fufpendre le confentement de fon amour à l'égard de ce qui ne renferme pas tous les biens, ou de tout ce qui peut limiter fon bonheur.

V. La *force* & la *liberté* de l'efprit font donc deux vertus , qu'on peut appeller générales, ou *cardinales,* pour me fervir du mot ordinaire. Car, comme on ne doit jamais ni aimer, ni agir , fans y avoir bien penfé, il faut à tous momens faire ufage de la *force* & de la *liberté* de fon efprit. Et ces deux vertus , de la maniere dont je les confidere, ne font point des facultez naturelles , communes à tous les hommes : rien n'eft plus rare , & perfonne ne les poffede parfaitement. Je fçai bien que l'homme eft naturellement capable de quelque travail d'efprit, mais il n'a pas pour cela l'efprit fort. L'homme peut auffi fufpendre fon confentement, mais il n'a pas pour cela naturellement l'efprit libre

de la maniere dont je l'entens. La
force & la liberté d'esprit dont je
parle, sont des vertus qui s'acquiérent par l'usage. Mais comme ces
vertus perfectionnent l'ame, & la re-
mettent en partie dans son état naturel, car avant le peché l'esprit étoit
fort & libre en toutes manieres, on
ne les regarde pas ordinairement
comme des vertus : car on s'imagine
que la vertu doit changer la nature
ou la détruire, au lieu de la réparer.
Il y a même des personnes qui pensent que la force & la liberté d'esprit sont des facultez de l'ame, qui
consistent dans une espece d'indivi-
sible : & jugeant des autres par eux-
mêmes, ils s'imaginent qu'on ne
peut se rendre attentif aux sujets qui
les rebuttent, & que c'est opiniâtreté
que de ne pas consentir aux vraisemblances qui les trompent.

VI. Mais la *force* & la *liberté* d'esprit
sont inégales dans tous les hommes.
Il n'y a pas même deux personnes
également propres à rentrer en eux-
mêmes, ni également en état de suspendre leur consentement. Que dis-

je ? La même personne ne conserve pas longtems la force & la liberté de son esprit dans le même état. Si elles n'augmétent par l'usage qu'on en fait, il est necessaire qu'elles diminüent : parce qu'il n'y a point de vertus plus combattuës, & plus contraires aux mouvemens continuels de la conpiscence. La pluspart des vertus s'accommodent assez avec l'amour propre : car on peut souvent avec plaisir & par amour propre rendre certains devoirs. Mais on ne peut guéres mediter sans peine, & beaucoup moins suspendre son consentement, ou le jugement qui détermine les mouvemens de l'esprit & du corps. Lorsque le bien se découvre à l'ame , & l'attire par sa douceur, elle n'est point en repos si elle demeure immobile : car il n'y a point de plus grand traval , que d'être ferme dans les courants; dés qu'on cesse d'agir , on est emporté.

VII. Aussi voions-nous qu'il n'y a presque personne qui médite, & que ceux qui entreprennent de rechercher la verité , manquent souvent de force

force & de courage pour arriver juſqu'au lieu où la verité habite. Fatiguez & rebuttez, ils tâchent de ſe contenter de ce qu'ils poſſédent : ou peut-être ſe conſolent-ils par un mépris ridicule, ou par un deſeſpoir de lâcheté & de baſſeſſe d'eſprit. S'ils ſont trompez, il deviennent trompeurs ; & s'ils ſont fatiguez, ils inſpirent la nonchalance & la pareſſe : il ſuffit de les voir pour ſe ſentir comme eux rebutté du travail & dégoûté de la verité. Car les hommes ſont faits de maniére, qu'ils aiment beaucoup mieux ſe tromper les uns les autres, que de conſulter leur maître cõmun:&ils ſont ſi crédules à l'égard de leurs amis, & ſi incrédules, ou ſi peu attentifs aux réponſes de la verité interieure, que l'opinion & le parti ſont la régle ordinaire de leurs ſentimens & de leur conduite.

VIII. Afin d'acquerir quelque liberté d'eſprit, & s'accoûtumer à ſuſpendre ſon conſentement, il faut ſans ceſſe faire réfléxion ſur les préjugez des hommes, & ſur les cauſes de ces préjugez. On croit bien comprendre

les chofes dés qu'on ceſſe de les admirer ; & la familiarité nous deli-
vrant de toute appréhenſion, l'eſprit
conſent volontiers, parce que l'intereſt ne le retient point. Il eſt inutile
de ſuſpendre ſon conſentement, ſi
l'on n'a deſſein d'éxaminer, car
qu'importe de tomber dans l'erreur :
Mais il eſt grand & agréable de juger de tout. Or on ne peut éxaminer
ſans peine. Du moins pour éxaminer, faut-il emploier du tems, que
l'ame faite pour être heureuſe, croit
perdu, lors que le plaiſir la vanité &
l'intereſt ne la ſollicitent point. C'eſt
pour cela que le langage ordinaire
n'eſt qu'un galimatias perpetüel.
Car tout le monde croit bien ſçavoir
ou ce qu'il dit, ou ce qu'il entend
dire, lors qu'il l'a déja dit, ou ouï dire
pluſieurs fois. Il n'y a que les termes
nouveaux qui faſſent peine, & qui
réveillent l'attention : Et ces termes
nouveaux, quoi que clairs & exempts
d'équivoque, ſont toûjours ſuſpects :
parce que tout le monde eſt capable
d'apprehenſion, & peu d'une attention ſuffiſante pour découvrir la ve-

rité, & se délivrer d'apprehension.
Je remplirois des volumes entiers
d'exemples de ces expressions re-
çües de tout le monde, & dont le
sens est indéterminé & confus. Mais
chacun doit se faire un plaisir d'attacher, s'il le peut, des idées claires
aux discours ordinaires ; car il y a
peu d'occupations plus agréables,
plus propres à nous délivrer de nos
préjugez, & à nous donner quelque
liberté d'esprit.

IX. Par le même principe la pluspart des hommes s'imaginent connoître assez bien la cause des effets
naturels qui sont ordinaires : & lors
qu'on leur en demande la raison, ils
croyent qu'on doit être content, quoi
qu'ils ne disent que ce qu'on sçait
déja bien. C'est qu'on croit devoir
cesser ses recherches dés qu'on cesse
d'admirer ; & qu'il faut consentir à
tout, pourvû qu'on n'ait rien à craindre, ou à esperer. D'où vient que
d'un œuf il en sort un poulet ? C'est
la chaleur de la poule qui le couve :
cela est clair. Rien n'est plus commun ; il en faut demeurer là. D'où

vient qu'un grain de blé germe , & perce la terre pour y répandre ses racines , & en faire sortir l'épi. C'est la pluye qui fait tout cela : il n'en faut pas davantage. Ou , si vous n'ê-tes pas content de ces réponses , ou de semblables; ceux qui passent pour philosophes vous diront que *l'humidité & la chaleur* , termes fort clairs , sont les principes feconds de la gé-nération & de la corruption de tou-tes choses. Ils vous diront que les petits animaux s'engendrent de *cor-ruption & de pourriture*, que les grands conservent leur espece par certaines vertus *seminales* ou *prolifiques*, qui for-ment & arrangent toutes les parties du fœtus : mais que le soleil & la lune président à tout , ou peut-être un premier mobile qui donne le mouvement à tous les corps qu'il renferme. On a oüi dire ces belles choses, ou de semblables étant en-fant, à des hommes graves , qu'on appelloit ses maîtres. Il falloit alors pour être docile croire sans éxamen, bien retenir & bien redire. On a donc crû & répété tant de fois ces

fadaifes qu'on ne peut plus s'empêcher de les croire & de les appren-
dre aux autres.

X. Si un bœuf , ou quelque ani-
mal d'une nouvelle efpece tomboit
des nuës, tous les efprits étonnez &
curieux feroient mille réflexions fur
un fait de lui-même affez peu digne
de leur application. Mais que tous
les animaux fortent du fein de leurs
méres d'une maniere uniforme , &
par des loix infiniment fages : cela
eft trop ordinaire pour eftre le fujet
de leurs refléxions & de leurs recherches. C'eft la *nature* qui fait ces
merveilles. Ce grand mot explique
tout : on en demeure content. On ne
fufpend point fon jugement:on croit.
Mais que croit-on ? Que la *nature* fait
tout : rien n'eft plus clair. Doutera-
t'on, examinera-t'on des chofes que
l'on a dites,ou oüi dire mille & mille
fois ? Et où en ferions point réduits ?
Méditer , il en coute trop. Devenir
efcolier, il n'eft plus temps. On nous
confulte ; c'eft donc à nous à répondre & à juger.

XI. Où feroient les athées & les

libertins , fi les hommes faifoient quelque réflexion , je ne dis pas fur eux-mêmes , je dis fur les ouvrages de Dieu les moins eftimables, fur une feüille , une graine , un moucheron. Mais ils ont vû ces merveilles eftant enfans : ils y font accoûtumez avant qu'ils pûffent penfer par ordre , réfléchir, fufpendre leur confentement. On leur en a infpiré du mépris. Ainfi ils font environnez d'ouvrages admirables , fans qu'ils s'en apperçoivent. Ils font eux-mêmes les chef-d'œuvres des ouvrages de Dieu; & ils penfent moins à examiner ce qu'ils font qu'à toute autre chofe.

XII. Mais il eft bien plus utile de fufpendre fon confentement dans les fujets de Morale, qu'en toute autre rencontre. Car ce qui a rapport aux mœurs eft tres-peu connu , & tres-difficile à connoître exactement, à caufe que les principes & les idées que nous avons de cette matiére font obfcurcies par les paffions , qui ne nous laiffent quelque liberté d'efprit , qu'à l'égard des veritez qui nous touchent peu. Ainfi dans les

sujets de Morale , on évite l'erreur
presque autant de fois qu'on suspend
son consentement : & ces erreurs
sont toûjours de conséquence.  Ce
n'est pas que souvent on ne soit obligé d'agir , avant que d'avoir connu
clairement ce qu'on doit faire. Mais,
quoi qu'on doive agir , on ne doit
jamais croire avant que l'évidence y
oblige. Je ne prétens pas non plus
qu'il faille toûjours demeurer dans
le doute.  Car entre douter & croire
il y a des différences infinies , qui
n'ont point de nom particulier. On
doute , lors que tout est également
vraisemblable.  On croit , lors que
tout est évident. Mais, comme il y
a des vraisemblances plus grandes &
plus petites à l'infini, l'esprit doit mettre chaque chose dans son rang pour
être bon juge:Et c'est toûjours la lumiere & l'évidence qui doivent régler ses décisions.  Car quoi qu'un
principe ne soit pas évident , il est
peut-être évident que ce principe
est vraisemblable. Ainsi l'ame doit
suspendre son consentement & l'e-
xaminer, si le temps le permet. Elle

L   iiij

doit le regarder comme vraisemblable, & lui attribüer le degré de
vraisemblance que la lumiere & l'é-
vidence lui donnent. Car' enfin les
jugemens de la volonté ne doivent
pas avoir plus d'étenduë que les
perceptions de l'esprit : il faut suivre
pas à pas la lumiere, & ne pas la
prévenir. Dés qu'on juge précisement, parce qu'on le veut, & avant
qu'on y soit obligé par l'évidence, ce
jugement venant de nostre fond, &
non de l'action de Dieu en nous, est
sujet à l'erreur ; & quoi que par hazard il soit juste, il n'est point juste-
ment rendu, parce qu'il faut faire
usage de sa liberté, *autant qu'on le
peut*, ainsi que j'ay déja dit plusieurs
fois.

XIII. Qu'un homme passe seulement
un an dans le commerce du monde,
entendant tout ce qu'on dit, & n'en
croyant rien ; rentrant en soi-même
à tous momens, pour écouter si la
verité interieure tient le mesme langage, & suspendant toûjours son
consentement jusqu'à ce que la lumiere paroisse : Je le tiens plus sça-

vant qu'Aristote , plus sage que Socrate, plus éclairé que le Divin Platon. Mais j'estime encore plus la facilité qu'il aura de méditer & de
suspendre son consentement que toutes les vertus des plus grands hommes de l'antiquité Payenne : parce
que s'il cultive un fonds qui ne soit
point ingrat , il aura acquis par son
travail plus de force & de liberté
d'esprit , qu'on ne peut se l'imaginer.
Qu'il y a de difference entre la Raison & l'opinion ; entre le maître intérieur qui convainc par l'évidence,
& les hommes qui persuadent par
l'instinct, par le geste, par le ton, par
l'air & les manieres ; entre les hommes & trompez & trompeurs , & la
Sagesse éternelle , la Verité même.
Que ceux qui n'ont point fait de réfléxion sur ces choses , me condamnent , & commencent par renoncer
à la Raison.

XIV. Si les hommes vouloient
bien suspendre leur consentement à
l'égard mêmes des faits , desquels on
ne peut s'instruire en consultant la
verité intérieure , & sur lesquels il

semble qu'on soit obligé de croire ce
qu'on en dit, de combien d'erreurs &
d'inquiétudes se delivreroient-ils, en
faisant quelque usage de leur liberté ? Rien ne fait plus de mal dans le
monde que l'opinion qu'on a des
choses : mais l'opinion qu'on a des
personnes excite encore une infinité
de passions. La médisance , la ca-
lomnie , les faux rapports sont souvent la cause de l'oppression des in-
nocens , des haines irreconciliables,
& quelquefois même des combats
& des guerres sanglantes. Il ne faut
qu'un mot mal entendu & plus mal
interpreté pour mettre aux champs
un esprit leger. On ne veut point
d'éclaircissement : mais si l'on en
veut, les gens ne sont pas toûjours
en humeur d'en donner. Que faire à
cela ? Ne rien croire de ce qu'on dit,
suspendre son consentement & se souvenir de ces paroles du Sage: *Qui cre-
dit citò levis est corde, & minorabitur.* Car
la plus grande marque de petitesse
d'esprit , c'est de croire légérement
toutes choses. Quoi, ne doit on pas
sçavoir que la pluspart des hommes

Eccl.
19. 4.

empoifennent les paroles & les actions les plus innocentes : je ne dis pas par une malice noire , mais par intereft , par divertiffement , parce qu'on appelle efprit ; par une malignité naturelle ? Ne doit-on pas avoir remarqué que prefque tous les bruits qui courent , fe trouvent faux dans la fuitte ; & que lors que les gens de parti ont intereft que tel foit honête ou malhonête-homme , la renommée le déguife & le trans-forme en un moment ? Que chacun faffe réfléxion fur foi-même. Combien a-t'on porté de jugemens faux & témeraires fur tout ce qu'on a ouï dire des perfonnes qu'on n'aime pas ? cependant qu'on y prenne gar-de , fi on fe laiffe une fois aller à croire le mal qu'on entend dire , l'i-magination & les paffions ne fe tai-ront pas , & en feront croire encore beaucoup davantage. Car l'imagi-nation & les paffions ne manquent jamais de répandre fur les objets qui les excitent , leurs difpofitions & leur malignité ; de même que les fens répandent fur les corps les qua-

litez fenfibles dont ils font touchez :
car autrement comment les paffions
pourroient-elles juftifier leurs em-
portemens & leurs injuftices ? Il ne
faut pas toûjours attribüer aux autres, ce que nous fentons en nous-
mêmes : & comme ce défaut eft ordinaire, dés qu'on nous parle de
quelqu'un, nous pouvons craindre
qu'on y tombe, & que celui qui
nous parle ; ne nous dit pas tant la
verité, que ce qu'il croit veritable.
De forte que pour ne fe point tromper dans l'opinion qu'on a des perfonnes, il faut fufpendre fon confentement, & regarder ce qu'on en
dit feulement comme vraifembla-
ble. On doit fe défier des hommes ;
& toûjours être fur fes gardes contre leur malignité : la prudence le
veut ainfi. Mais il n'eft pas permis
de les condamner en foi-mefme :
Il faut laiffer à Dieu feul la qualité
de juge & de fcrutateur des cœurs,
fi l'on ne veut fe mettre au hazard
de commettre mille injuftices.

XV. Pour faire clairement comprendre la néceffité qu'il y a de tra-

vailler à acquerir quelque liberté
d'efprit, ou quelque facilité à fufpendre le confentement de la volonté, il
faut fçavoir que lors que deux ou
plufieurs biens font actiiellement
préfens à l'efprit, & qu'il fe détermine à leur égard , il ne manque jamais de choifir celui qui dans ce
moment lui paroît le meilleur, je fuppofe égalité dans tout le refte. Car
comme l'ame n'eft capable d'aimer
que par le mouvement naturel
qu'elle a vers le bien, elle aime infailliblement ce qui a plus de conformité avec ce qu'elle aime invinciblement.

XVI. Mais il faut prendre garde
qu'elle peut toûjours fufpendre fon
confentement , & ne pas fe déterminer dans le temps même qu'elle fe
détermine , principalement à l'égard
de faux biens. (Je fuppofe que la capacité qu'elle a de penfer , ne foit
point remplie par quelques fentimens ou mouvemens trop violens.)
Car enfin on peut retenir fon confentement jufqu'à ce que l'évidence
oblige à le donner. Or on ne peut ja-

mais voir évidemment que les faux
biens soient de vrais biens, puis
qu'on ne voit jamais évidemment ce
qui n'eft pas. Ainfi, quoi qu'on ne
puiffe s'empêcher de fe déterminer
vers les biens les plus apparens ; on
peut, en fufpendant fon confentement, n'aimer que les plus folides.
Car on ne peut fufpendre fon jugement fans réveiller fon attention. Or
l'attention de l'efprit fait évanouir
toutes les vaines apparences, & les
vraifemblances, qui féduifent les né-
gligens, les efprits foibles, les ames
ferviles, venduës au plaifir; ceux qui
ne combattent point pour la confervation & l'augmentation de leur liberté ; ceux en un mot qui ne pouvant fuporter le travail de l'examen,
confentent imprudemment à tout ce
qui flatte leur concupifcence. Il n'y
a donc rien de plus néceffaire que
la liberté de l'efprit pour n'aimer que
les vrays biens, pour vivre felon
l'Ordre, pour obéir inviolablement
à la Raifon, pour acquerir la vraie &
la folide vertu. Et toutes les occupations qui peuvent contribüer à don-

ner à l'esprit quelque facilité de suf-
pendre son consentement, jusqu'à ce
que la lumiere de la verité paroisse,
sont toûjours tres-utiles aux hommes, qui ont une inclination naturelle à juger promptement & cava-
liérement de toutes choses, & par
conséquent un penchant extrême à
tomber dans l'erreur & dans le desordre.

# CHAPITRE VII.

*De l'obéissance à l'Ordre. Moyens pour acquerir la disposition stable & dominante de lui obéïr. Cela ne se peut sans la grace. Combien le bon usage de la force & de la liberté de l'esprit y contribuë par la lumiere qu'il fait naître en nous, par le mépris qu'il nous inspire pour nos passions, par la pureté qu'il conserve, & qu'il rétablit dans nôtre imagination.*

I. LA facilité qu'on a acquise de se rendre attentif, & celle de retenir son consentement jusqu'à ce que l'évidence oblige à le donner, font des habitudes necessaires à ceux qui veulent être solidement vertüeux. Mais la solide vertu, la vertu accomplie en toutes manieres ne consiste pas seulement dans ces deux grandes & rares dispositions d'esprit: il faut y ajoûter une obéissance exacte à la loi Divine, une délicatesse générale sur tous ses devoirs, une disposition

position stable & dominante de régler sur l'ordre connu tous les mouvemens de son cœur, & toutes les dé-
marches de sa conduite, en un mot
l'amour de l'Ordre. Car à quoi sert
à l'homme d'avoir assez de *force* &
de *liberté* d'esprit pour découvrir les
veritez les plus cachées , & pour
éviter jusqu'aux moindres erreurs,
s'il ne vit pas selon ses lumiéres, s'il
combat ou s'il abandonne la verité
connuë , & s'il se souftrait de l'o-
béissance qu'il doit à l'Ordre , loi
inviolable , loi Eternelle , loi Divine. Certainement cela ne peut servir qu'à le rendre plus criminel, &
plus coupable aux yeux de celui
qui aime l'Ordre invinciblement, &
qui punit indispensablement tout defordre.

II. Mais comment acquerir cette disposition stable & dominante de régler sur l'ordre connu tous les mouvemens de son cœur, & toutes les dé-
marches de sa conduite? Ce qu'il faut
faire pour cela est évident par le quatriéme Chapitre. Les actes forment
les habitudes : il faut donc prendre

<table><tr><td>Partie I.</td><td>M</td></tr></table>

souvent des resolutions fermes &
constantes d'obéir à l'Ordre, & de lui
sacrifier toutes choses : car en réiterant souvent ces résolutions actüelles,
& en les suivant du moins en partie,
on pourra peu à peu s'en faire quelque disposition habituelle. Cela est
assez facile à concevoir : mais cela
n'est nullement facile à faire. Car
comment prendre cette résolution
héroïque de sacrifier à la loi Divine
jusqu'à sa passion dominante? Certainement cela n'est pas possible sans le
secours de la grace. Un homme sans
la grace peut se donner la mort ; il
peut desirer de r'entrer dans le néant.
Mais le néant n'est point si terrible
que cet état désolant de vivre sans
ce qu'on aime. Le néant est un milieu entre le bonheur & le malheur.
On peut donc souhaitter de n'être
point, lors qu'on est malheureux , &
désesperé dans son malheur. Mais on
ne peut souhaiter d'être malheureux,
parce qu'on veut invinciblement
être heureux. Ainsi sans une foi ferme , sans l'esperance de trouver un
bonheur plus solide que celui qu'on

quitte, l'amour propre quelque éclairé qu'il soit , ne peut pas seulement prendre le dessein de sacrifier sa passion dominante; cela ne se peut contester.

III. Or cette foy & cette espérance sont des dons de Dieu pour plusieurs raisons , dont la principale , ce me semble est , que naturellement il n'est pas possible qu'un homme dissipé sans cesse par les objets qui flattent ses sens , & qui excitent ses passions, puisse assez prendre sur lui-même, pour examiner les véritez de la Religion , avec autant d'attention & de perseverance qu'il en faut, pour s'en convaincre pleinement & pour s'y soûmettre ; si Dieu par une grace particuliere ne lui fait trouver du goût dans cette sorte d'application. Néanmoins comme on peut faire servir la nature à la grace en mille manieres, on doit, par un principe d'amour propre éclairé, faire effort pour r'entrer en soi-même , pour affermir sa foi , & augmenter son espérance. Il faut expliquer ces veritez plus au long.

M ij

IV. Tout homme veut invinciblement être heureux, mais d'un bonheur folide & durable. Nul homme ne veut être trompé, & principalement dans une chofe d'auffi grande conféquence qu'eft le falut éternel. Ainfi tout homme, qui a déjà acquis quelque *force* & quelque *liberté* d'efprit, ou même qui n'eft point tellement vendu au peché & afservi au plaifir actüel, qu'il ne puiffe encore faire quelque réflêxion fur le chemin qui conduit à la vie, doit & peut s'affûrer une bonne fois, fi fon Etre eft immortel, s'il y a un Dieu jaloux & inéxorable, fi l'Ordre eft une loi inviolable, & fi toute action conforme ou contraire à cette loi fera infailliblement recompenfée ou punie. L'amour propre éclairé, le defir d'être folidement heureux eft fans doute une grace fuffifante pour le porter à quelque éxamen des veritez de la Religion. Il peut fe priver pour un moment d'un plaifir léger, pour chercher la joüiffance d'un plaifir folide & véritable. Car vouloir ceffer d'être pour quelque temps actuellement heureux, pour l'être solidement pendant toute l'éternité, rien n'est plus raisonnable, & conforme à l'amour propre éclairé.

V. Il ne dépend point de l'homme, que l'Evangile lui soit annonncé : il ne dépend point de lui de tomber dans une conversation, ou sur un livre qui puissent le convaincre & le convertir, à cause des circonstances favorables de la grace & de son état présent. Mais il dépend de lui, ou il en a dépandu de conserver quelque force & quelque liberté d'esprit, & de ne pas laisser corrompre son imagination, de maniere que la grace lui étant donnée, elle soit infructueuse ; de maniere dis-je que le goust des vrais biens, la délectation spiritüelle ne se fasse presque plus sentir, à cause de l'abondance, de la vivacité, & de la force des plaisirs sensibles qui le troublent & qui le captivent. Car, comme j'ay déja dit, c'est par le moien de cette délectation spirituelle, que les véritez de la Religion frap-

pent vivement l'efprit. Sans elle on
lit l'Ecriture comme les Juifs, un
voile deffus les yeux. Le prédicateur
parle aux oreilles ; les miracles &
les prodiges étonnent les fens : mais
Dieu ne parle point au cœur. C'eft
l'attention qui eft la caufe naturelle
de la lumiére ; Mais d'ordinaire dés
que le plaifir ceffe, auffi-toft l'attention fe diffipe : du moins cette efpece d'attention favorable, qui rend
agréable la lumiere, & qui la fait
aimer : cette efpéce d'attention, qui
prépare l'ame au mouvement vers
le bien, à caufe que le plaifir eft le
caractére naturel du bien, & que l'a-
me en tout temps veut invinciblement être heureufe.

V I. Néanmoins, comme l'on
veut être folidement heureux, on
peut facrifier en partie les faux plaifirs, quoi que prefents, aux plaifirs
folides quoi que futurs. On peut
même rechercher ceux-ci, plûtôt que
ceux-là, lors que l'efperance, & la
crainte du futur nous y follicitent.
Le plaifir actuel n'eft pas toûjours le
maître abfolu du cœur. L'experience

nous apprend ces veritez : car souvent on quitte un plaisir leger , lors qu'on a quelque espérance d'en posséder un plus solide. Mais comme on veut invinciblement être heureux, & actüellement heureux, on ne peut resister long temps à l'attrait actüel & continüel des plaisirs sensibles, quelque force & quelque liberté d'esprit qu'on ait acquise. On ne peut vouloir remettre à être heureux aprés la mort , qui paroît à l'imagination un aneantissement veritable: à l'imagination, dis-je, toûjours sans la grace, & souvent mêmes avec la grace, maîtresse de la raison, gouvernante des passions, principe intérieur de tous les grands mouvemens qui ébranlent l'ame. Ainsi on voit bien que d'un côté, celui qui péche & qui ne travaille pas à conserver la force & la liberté de son esprit, mérite d'être puni ; & de l'autre que la loi, & la philosophie la plus éclairée ne peuvent donner à l'ame, corrompüe & affoiblie par le péché originel, assez de force & de santé, pour marcher dans le chemin qui conduit au bonheur, ce que S. Paul fait voir dans toute l'Epitre aux Romains.

VII. Il faut donc que l'homme
capable de raison , capable de bonheur , fasse usage de toute la force &
de toute la liberté d'esprit qui lui
reste , pour s'instruire de ce qui peut
augmenter sa foi & fortifier son espérance, par lesquelles il peut tendre
à son bonheur , & sans lesquelles je
viens de faire voir qu'il n'est pas possible de prendre seulement le dessein de sacrifier sa passion dominante. Mais quoi ? sacrifier sa passion dominante pour devenir heureux , cela se contredit ; du moins
cela est-il effrayant & rebuttant. Il
est vrai ; mais c'est lors que la passion a ses charmes : il faut donc les
lui ôter. Je ne prétens pas qu'on la
sacrifie avec tous les ornemens qui
la déguisent. Au contraire , puis
qu'on ne veut pas être trompé , puis
qu'on veut être solidement heureux,
je prétens qu'on doit tâcher de la reconnoître telle qu'elle est, & d'en découvrir le ridicule qui la fasse mépriser, ou le déréglement qui en donne
de l'horreur. Je prétens qu'on doit &

qu'on

qu'on peut ſe mettre l'eſprit en tel état, par la force de ſon eſperance & de ſa foi, qu'il puiſſe, par le ſecours de la grace, faire avec plaiſir, ou du moins avec joie, ce ſacrifice qui lui paroiſſoit ſi terrible. Au reſte c'eſt néceſſité, il faut ou périr ſans reſource avec nos richeſſes prétenduës, ou s'en décharger pour arriver heureuſement au port, où nous retrouverons des biens ſolides, des biens qui ne ſeront plus ſujets aux tempêtes & aux orages.

VIII. Pour cela il faut étudier l'homme, ſe connoître ſoi-même, ſa grádeur, ſes foibleſſes, ſes perfections, ſes inclinations. Examiner avec ſoin la difference des deux parties dont l'homme eſt compoſé, & les loix admirables de leur union. De là s'élever à l'Auteur de ces loix, & à la cauſe veritable de tout ce qui ſe paſſe en nous, & dans les objets qui nous environnent. Contempler Dieu dans les attributs que renferme l'idée vaſte & immenſe de l'Etre infiniment parfait, & n'en juger jamais par rapport à ſoi : mais ſoûtenir s'il

eſt néceſſaire , la veuë de ſon eſprit
ſur un ſujet ſi abſtrait & ſi profond ,
par les effets viſibles de la cauſe univerſelle. Sur tout éxaminer les rapports de la conduite de Dieu aux attributs Divins ; & reconnoître comment cette conduitte doit néceſſai-
rement être la régle de la nôtre. Penetrer enfin dans ſes deſſeins éternels,
& reconnoître du moins , qu'il eſt
lui-même la fin de ſon ouvrage , &
que l'Ordre immüable eſt ſa loi & la
nôtre. Revenir à ſoi-même , ſe com-
parer à l'Ordre , & ſe reconnoître
tout corrompu. Sentir ſes inclinations baſſes & indignes , & demeurer confus. Se condamner comme
criminel , comme ennemi de ſon
Dieu , comme n'entrant point dans
ſes deſſeins , & n'obéiſſant point à
ſa loi , mais ſans ceſſe à la loi hon-
teuſe de la chair & du ſang : Hum-
ble & tremblant devant un Dieu
jaloux de ſa gloire , & vangeur des
crimes , craindre la mort & l'enfer,
ſa juſte & terrible vengeance. Chercher avec empreſſement un médiateur ; & trouver enfin JESUS-CHRIST,

Fils unique de Dieu, victime sur la croix pour les pechez du monde, & maintenant assis à la droitte du Dieu vivant, établi Seigneur de toutes choses, & consacré souverain Prêtre des vrais biens: jadis mis à mort hors de Jerusalem comme un criminel, & aujourd'huy dans le Temple, dans le Saint des Saints, devant la face de son Pere, toûjours vivant pour interceder pour les pecheurs & les combler de benedictions & de graces: mais enfin leur juge inéxorable au jour des vangeances du Seigneur, jour'éternel qui finira tous les temps, & qui réglera pour jamais & les biens & les maux.

IX. Peut-on penser à ces grandes véritez, en être convaincu par de fréquentes méditations, & trouver toûjours ses passions tout-à-fait les mêmes. Ce faste sensible, & ces charmes qui les environnent, peuvent-ils supporter la lumiére vive & pénétrante qui se répand dans l'esprit, lors qu'on pense à la mort, à l'enfer, à ce monde futur, cette Jerusalem celeste, éclairée des splen-

deurs de Dieu méme, & environnée
du torrent de ſes voluptez. Certainement la ſeule penſée de la mort
change la face de toutes choſes dans
ceux qui ont encore quelque reſte
de ſentiment, quelque force & quelque liberté d'eſprit. Mais cette alternative inévitable de deux éternitez
ſi contraires qui ſuccedent aux derniers momens, rompt tous les deſſeins
& efface toutes les idées que les paſſions nous préſentent : du moins
n'eſt-il-pas poſſible qu'elles juſtifient
leurs excez & leurs dérégſements
dans ce temps de réfléxion.

X. Que ſi l'on ajoûte aux véritez
que la raiſon découvre, lors qu'elle
eſt conduite par la foi, ce que la
ſeule raiſon apprend de la difference
de l'ame & du corps, & des loix
de l'union de ces deux ſubſtances ;
On reconnoîtra viſiblement la malignité des paſſions, & l'on mépri-
ſera plus aiſément ces careſſes flat-
teuſes qui ſéduiſent invinciblement
les eſprits foibles. Car enfin, lors
qu'on a fait de ſérieuſes réfléxions
ſur le jeu de ſa machine, on aime

quelquefois mieux la conduire que de s'en laisser emporter : & quand on s'est bien convaincu, que tout l'éclat & les charmes des objets sensibles dependent uniquement de la maniere dont la fermentation des humeurs & du sang les fait regarder, le desir qu'on a d'être solidement heureux porte ailleurs nos pensées, & répand quelquefois le degoût & l'horreur sur ces vains objets. Vains sans doute & méprisables, puisque leur éclat cesse dés que la fermentation diminüe, ou que la circulation du sang fournit le cerveau d'esprits tout nouveaux. Vains par mille autres raisons, qu'il est inutile d'exposer. Ils passent, & cela suffit : Mais ils passent de maniére qu'ils entraînent & qu'ils perdent pour l'éternité ceux qui s'y attachent.

XI. Qu'un chacun examine donc sa passion dominante sur les principes que la vraie Philosophie fournit, & sur les veritez de la foi, dont il a dû se convaincre par le bon usage de la grace & de sa liberté ; car rien n'est plus raisonnable que la Reli-

gion , quoi qu'il faille du secours
pour la bien comprendre & pour s'y
soûmettre : Qu'un chacun, dis-je, examine à la lumiere de la Raison & de
la foi, la passion qui le captive, & il se
trouvera du moins dans quelque desir d'être délivré de sa tyrannie. Peu
à peu les charmes qui l'enchantoient
se dissiperont. Il aura honte de lui-
même de s'être laissé sottement séduire ; & si la fermentation du sang
& des humeurs cesse pour quelque
temps , & que les esprits animaux
changent de route , il se trouvera en
tel état, que chagrin contre l'objet de
ses inclinations , il ne pourra pas méme en supporter la présence.

XII. Néanmoins qu'on ne cesse
pas de veiller sur soi-même , de se
défier de ses forces , & de méditer
les sujets qui rendent les passions ridicules & méprisables : car il ne faut
pas s'imaginer d'être en liberté, parce
qu'on n'est point actuellement maltraitté. L'imagination demeurera
long-temps salie par l'impression de
la passion qui a regné : car les playes
que le cerveau a reçeuës par l'action

des objets , & le mouvement des esprits,ne se guérissêt pas facilement. Comme les esprits animaux passent naturellement dans les endroits du cerveau les plus ouverts ou les plus exposez à leur cours, il est impossible que les blessures de l'imagination se guerissent , si l'on ne détourne sans cesse le cours des esprits qui les renouvelle. Car il n'est pas possible de refermer une playe, lors qu'on y enfonce à tous momens le poignard qui l'a faite , ou quelque chose qui la renouvelle & qui l'aigrisse.

XIII. Mais les esprits ne vont pas seulement d'eux-mêmes, & comme par hazard dans les playes que le cerveau a receuës par l'action des objets sensibles : ils sont déterminez à y passer sans cesse par le plaisir que l'ame en reçoit ; & sur tout par la construction admirable de la machine qui jouë son jeu sans attendre les ordres de la volonté ; & souvent mêmes , à cause du peché , contre ses ordres. Ainsi dés qu'on cesse de resister & de faire diversion dans les esprits , les passions se renouvellent

& se fortifient. Or, il n'y a point
d'autre moyen de faire diversion &
revulsion dans les esprits, que de se
mettre à la presence de certains objets, & de s'occuper de pensées, auxquelles differens cours d'esprits animaux sont attachez par les loix de
l'union de l'ame & du corps. Car
dans les passions le cours des esprits
ne dépend point immediatement de
nos volontez : il n'en dépend, que
parce que les pensées, qui déterminent le mouvement de ces esprits en
dépendent. Il n'est donc pas possible
de se délivrer de ses passions, si l'on
n'évite avec soin les objets qui les
excitent, & si l'on ne s'occupe l'esprit de pensées propres à les rendre
ridicules & méprisables. Mais j'expliquerai cela encore plus particulie-
rement dans la suitte.

X I V. Afin qu'on fasse encore davantage réflêxion sur les véritez que
je viens d'exposer ; je croi devoir dire en particulier que ni la priére,
ni les bonnes œuvres, ni mêmes la
grace de JESUS-CHRIST ne guérissent
point les blessures que le cerveau

reçoit par le mouvement violent &
déreglé que les passions excitent
dans les esprits. Non, la grace de
JESUS-CHRIST, la plus sublime, celle
du Baptême, celle que reçoit une
ame qui communie avec les dispositions les plus saintes, ne guérit point
sans miracle ces sortes de maux. Il
est vrai que la grace de la justification nous donne droit aux secours
nécessaires pour résister à l'effort
actüel des passions ; mais elle ne nous
délivre point de leurs attaques, parce qu'elle ne referme point les playes
que le cerveau a receüe par l'action
des objets sensibles. Dieu ne fait point
de miracles sur nôtre corps dans le
tems qu'il nous justifie, il nous laisse toutes nos foiblesses. Le Baptême
ne nous délivre point de nôtre concupiscence ; & le nouveau Chrêtien
que la goutte incommode, ou que
quelque passion inquiéte, ne se trouve point guéri de ces maux fâcheux:
il reçoit seulement les secours nécessaires pour supporter patiemment la
douleur qui le maltraitte, & impatiemment, mais généreusement les

caresses de la passion qui le sollicite, & qui le cajole.

XV. Il faut dire à peu prés la même chose des prieres & des bonnes œuvres. Elles obtiennent de Dieu les secours nécessaires au combat , mais elles ne nous délivrent point de nos miseres ; si ce n'est qu'à force de combattre & de résister , on fasse prendre naturellement un autre cours aux esprits , car alors nos playes se guérissent & se referment : parce que pour guérir les blessures du cerveau aussi-bien que celles des autres parties de nôtre corps, il suffit que rien n'empêche les fibres separés de se rejoindre.

XVI. Or la raison pour laquelle la grace ne nous délivre point de nos passions , ni le Baptême de l'effort continüel de nôtre concupiscence , c'est que la puissance de la grace de JESUS-CHRIST paroît bien davantage par les victoires continüelles que les justes remportent contre leurs ennemis domestiques : c'est que le merite des Saints en devient & plus pur & plus grand : c'est enfin que la gloire

répondant aux merites , la cité fainte , le temple éternel , le grand ouvrage de JESUS-CHRIST en reçoit
mille & mille beautez qu'il n'auroit
pas , si nos passions ne nous livroient
sans cesse mille & mille combats.
Saint Paul étoit juste : mais il sentoit
dans sa chair une loi opposée à celle
de l'esprit qui l'animoit. Il demanda
souvent à JESUS-CHRIST , qu'il le dé-
livrast de ce qu'il appelle écrivant 2. Ep.
aux Corinthiens *Eguillon de sa chair.* 12. 9.
Mais JESUS-CHRIST lui répondit *ma*
*grace vous doit suffire ; car c'est dans les*
*foiblesses que ma puissance paroit , & que*
*la vertu se purifie.* Aussi saint Paul se
glorifioit-il dans les infirmitez , les
persecutions, les outrages , *afin* dit-il,
*que la puissance de* JESUS-CHRIST *habi-*
*tast en lui.*

XVII. Qu'on ne soit donc pas sur-
pris si l'usage des Sacremens laisse le
corps tel qu'il le trouve , & ne fortifie que l'homme intérieur , du quel
on n'a point de pafaite connoissance : & qu'on ne se désespere pas de
ce qu'on se voit toûjours insulté &
maltraitté par des passions crimi-

nelles , pourveu qu'on soit toûjours ferme dans sa foi , content de ses espérances , & par là inébranlable dans la résolution de sacrifier à Dieu toutes choses. Que si on veut , comme on le doit , car on doit toûjours éviter les dangers , si on veut, dis-je se délivrer des mouvemens importuns que les passions excitent , il faut absolument se servir du remede que je viens d'expliquer. Il faut éviter avec soin les objets qui les réveillent , & remplir son esprit de pensées qui fassent diversion & revulsion dans les esprits. En un mot, il faut rendre les passions ridicules & méprisables : il n'y a point d'autre moyen de s'en delivrer. Mais que ceux qui par un esprit philosophique , ou par le mouvement de l'amour propre éclairé , condamnent les passions comme des criminelles , ne s'imaginent pourtant pas être déja justes aux yeux de Dieu , & ne se préferent point trop promtement à leurs freres. Il faut autant qu'on

le peut , faire servir la nature à la
grace : Mais qu'on se souvienne
toûjours que la nature ne justifie
pas ; & que souvent la grace opére dans les esprits & les convertit, sans qu'on y apperçoive de
changement.

# CHAPITRE VIII.

*Des moïens que la Religion fournit pour acquerir & conserver l'amour de l'Ordre. Jesus-Christ est la cause occasionnelle de la grace : il faut l'invoquer avec confiance. Lors qu'on s'approche des Sacremens, l'amour actüel de l'Ordre se change en amour habitüel en consequence des desirs permanens de Jesus-Christ. Preuve de cette vérité essentielle à la conversion des pécheurs. La crainte de l'enfer est un aussi bon motif que le desir de la félicité éternelle. Il ne faut point confondre le motif avec la fin. Le desir d'être heureux ou l'amour propre doit nous conformer à l'Ordre, ou nous assujettir à la loi Divine.*

I. ON ne peut acquerir & conserver la vertu, ou l'amour de l'Ordre que par des résolutions actüelles de lui sacrifier toutes choses : car naturellement ce sont les actes qui produisent, & conservent les habitudes. Or on ne peut former la résolution de sacrifier sa passion dominante sans une foi vive, & une ferme esperance, sur tout lors que la passion paroît avec ses charmes & ses attraits. Ainsi, comme la lumiere éclaire la foi : comme elle affermit l'esperance, & qu'elle fait paroître à l'esprit le ridicule & le déreglement des passions, nous devons méditer sans cesse sur les vrais biens, rechercher & conserver chérement dans nôtre memoire les motifs, qui peuvent nous porter à les aimer, & à méprifer ceux qui passent ; & cela avec d'autant plus de soin que la lumiére est soûmise à nos volontez, & que si nous vivons dans l'aveuglement, c'est presque toûjours uniquement nôtre faute. Je crois avoir prouvé suffisamment ces véritez.

I I. Mais lors que la foi n'est point assez vive, ni l'espérance assez ferme pour nous faire résoudre à sacrifier une passion, qui s'est renduë tellement la maîtresse de nôtre cœur, qu'elle corrompt à tous momens nôtre esprit en sa faveur ; tout ce que

nous devons , & pouvons peut-être
faire alors , c'eſt de chercher dans la
crainte de l'enfer , ce que nous ne
trouvons point dans l'eſpérance d'u-
ne félicité éternelle. C'eſt de prier
avec ardeur , dans le mouvement
que cette crainte inſpire , le Sauveur
des pécheurs , qu'il augmente nôtre
foi & noſtre confiance en lui ; ſans
ceſſer de méditer ſur les véritez de la
Religion & de la Morale , & ſur la
vanité des biens qui paſſent : car
ſans cela on ne penſe pas mêmes à
ſes miſeres , ni à invoquer ſon Libé-
rateur. Enfin lors que nous ſentons
en nous aſſez de force pour former
actüellement la réſolution de ſacrifier nos paſſions à l'amour de l'ordre;
alors , quoi que ſelon les principes
que j'ai établis dans les Chapitres
précedens , nous puiſſions abſolument par le ſecours de la grace , en
réiterant de ſemblables actes , acquerir la charité , ou l'amour habitüel &
dominant de l'Ordre immüable , il
vaut mieux ſans différer s'approcher
des Sacremens , & venir , par ce
mouvement actüel de l'amour de

l'Or

l'Ordre que le Saint Esprit nous inspire, laver ses péchez par la pénitence. C'est assûrément la voye la plus courte & la plus seure de changer l'acte en habitude : l'acte, dis-je, qui passe & ne convertit point, en l'habitude qui demeure & qui justifie. Car Dieu ne juge pas des ames sur ce qui est en elles d'actüel & de passager, mais sur leurs dispositions habitüelles & permanentes. Et par les Sacremens de la nouvelle loi, on reçoit la grace justifiante, ou la charité habituelle qui donne droit aux vrais biens, & aux secours nécessaires pour les obtenir. Ce sont là des veritez que je dois maintenant expliquer par des principes certains, par l'évidence & par la foi.

III. Je croi avoir démontré en plusieurs endroits, & en plusieurs manieres que Dieu éxécute toûjours ses desseins par les loix générales, dont l'efficace est déterminée par l'action des causes occasionnelles. J'ay prouvé cette verité par les effets dont les causes secondes nous sont con-

*Entr.* 7.
*&* 9.
10. *&c.*
*de la*
*Meta-*
*phys.*
*Medit.*
*chrét.*
*m.* 6. *&*
7. *&c.*

nüies; & je croi l'avoir demontrée par
l'idée de Dieu même, parce que son
action doit porter le caractére de ses
attributs. On peut voir sur cela mes
autres écrits. Mais , si la raison ne
pouvoit point nous conduire à cette
verité , l'Ecriture fainte ne nous per-
mettroit pas d'en douter, à l'égard
du sujet dont je traitte. Elle nous
apprend que Jesus-Christ comme
homme n'est pas seulement la cause
*méritoire* , mais encore la cause distributive ou occasionnelle de toutes
les graces , car Jesus-Christ par ses
merites & par son sacrifice a acquis
droit sur toutes les nations de la
terre, pour lui servir de matériaux à
la construction du Temple spiritüel
de l'Eglise , dont le Temple superbe
de Salomon n'étoit que l'ombre &
la figure ; & c'est maintenant, & depuis le jour de son Ascension , qu'il
use pleinement de ce droit , & qu'il
éléve à la gloire de son Pére le Temple éternel ; Jesus-Christ est le
*chef* de l'Eglise : il inflüe sans cesse
dans les membres qui la composent
l'esprit qui luy donne la vie & la

*F. i.* 4.
15. 16.

sainteté. C'eſt * l'*Avocat*, le †*Mediateur*, le ¶ *Sauveur* des pecheurs. C'eſt *nôtre ſouverain Prêtre* : il eſt dans le Saint des Saints, *toûjours vivant pour* ** INTERCEDER *pour nous*, & toutes ſes *; prieres* ou ſes déſirs ſont éxaucez. En un mot Jesus-Christ lui-même nous apprend, que †† *toute puiſſance lui a été donnée dans le ciel & ſur la terre.* Or il n'a pas receu cette puiſſance comme Dieu égal au Pére, mais entant qu'homme ſemblable à nous; & Dieu ne communique ſa puiſſance aux créatures, que parce qu'il éxecute leurs volontez, & par elles ſes propres deſſeins. Car Dieu ſeul eſt cauſe véritable de tout ce qui ſe fait dans la grace auſſi bien que dans la nature. Ainſi il eſt certain par l'Ecriture ſainte, que Jesus-Christ comme homme, eſt la cauſe *occaſionnelle* qui détermine par ſes prieres ou par ſes deſirs l'efficace de la loi générale, par laquelle Dieu veut ſauver tous les hommes en ſon Fils, & par ſon Fils. Car encore un coup, *ß perſonne ne vient au Pere que par le Fils.* S'il eſt certain, ce que dit Jesus-

* 1.*Ioa*
2. 1.
†1.*Tim.*
2. 5.
¶ *Eph.*
5. 23.
** *Heb.*
7. 25.
*; *Ioa.*
11.42.
†† *Mat.*
28. 8.
*Ioa.*13.
3.

*Ioan.*14.
6.

CHRIST à ſes Apoſtres, d'une part, *que c'eſt luy qui les a choiſis*, & de l'autre, *que c'eſt ſon Pere qui les lui a donnez* : s'il eſt vrai en un mot que JESUS-CHRIST eſt le vrai Salomon, qui doit conſtruire le Temple éternel dont nous ſommes les pierres vivantes, on ne peut nier qu'il ſoit la cauſe occaſionnelle de la grace : car c'eſt là préciſement l'idée que ce mot réveille dans l'eſprit de ceux pour qui j'écris.

IV. Il eſt néceſſaire de ſe bien convaincre de cette verité eſſentielle à la Réligion, par la lecture du Nouveau Teſtament, & principalement de l'Epître aux Hébreux; & comme je croi l'avoir ſuffiſamment prouvée dans le Traitté de la *Nature & de la Grace*, & dans les *Meditations Chrétiennes*, je ne m'y arrêterai pas davantage. J'écris pour des Philoſophes, mais des Philoſophes chrêtiens, qui reçoivent l'Ecriture & la tradition infallible de l'Egliſe univerſelle; & je tâche d'expliquer les véritez de la foi, par des termes clairs & éxemps d'équivoque : car c'eſt pour cette raiſon que je

dis, que Jesus-Christ côme homme,
est Souverain Prêtre des vrais biens,
& cause *occasionnelle* de la Grace. Je
pourrois dire *naturelle*, *instrumentelle*,
*seconde*, *distributive*, ou me servir de
quelqu'autre terme plus commun :
mais les termes les plus communs ne
sont pas toûjours les plus clairs. Quoi
qu'on s'imagine les bien entendre,
on ne sçait pas trop ce qu'on dit : lors
qu'on les prononce. Et si on veut se
donner la peine d'examiner ceux-ci,
on verra bien que le mot de cause
*naturelle* réveille une fausse idée, que
celui *d'instrumentelle* est obscur, que
celui de *seconde* est si général, qu'il ne
dit rien de distinct à l'esprit, & que
celui de *distributive* est du moins équivoque & confus. Pour celui de cause
*occasionnelle* de la grace, il n'a ce me
semble aucun de ces defauts, du
moins par rapport aux persónes pour
lesquelles uniquement j'ai écrit le
Traitté *de la Nature & de la Grace*; duquel néanmoins plusieurs autres ont
voulu juger, qui n'entendent pas
trop les principes que j'ai supposez.
Car ce terme marque précisément

que Dieu qui fait tout comme cause
véritable, ainsi que je croi l'avoir démontré en plusieurs endroits, ne donne sa grace que par JESUS-CHRIST
victime immolée sur la Croix, &
maintenant clarifiée & consommée
en Dieu, maintenant Souverain Prêtre
des biens futurs, Chef de l'Eglise, Architecte du Têple éternel. Il fait cô-
prendre clairement que la loi génerale de l'ordre de la grace, c'est que Dieu
veut sauver tous les hommes en son
Fils & par son Fils: verité que saint
Paul répete à tous momens, comme
étant le fondement de la Religion
que nous professons. Peut-être que le
mot propre pour exprimer clairement ce que la foi nous enseigne de
JESUS-CHRIST m'est échappé. Mais
qu'on ne se chagrine point côtre moi:
je suis docile: je ne disputerai jamais
avec chaleur, & avec entêtement pour
des termes. Dés qu'on m'en donnera
de meilleurs, je m'en servirai. Mais
j'estime que les meilleurs font les
plus clairs, qu'on y prenne garde: car
les mots ne font inventez que pour
exprimer les pensées; de sorte que

ceux qui expriment plus diſtincte-
mĕt nos idées ſont preferables à tous
les autres; principalement quand on
parle comme je fais dans le deſſein
d'expliquer & de prouver clairement
des veritez que les philoſophes
mêmes ne conçoivent pas trop
bien.

V. Au reſte je prie qu'on me faſſe
la juſtice, ou qu'on ait pour moi la
charité de croire, que ce n'eſt ni chagrin contre les perſonnes, ni deſir de
juſtifier mes ſentimens ou mes manieres, que je réveille maintenât certaines idées. Je croi que ceux qui ne
m'ont pas rendu juſtice, n'ont eu aucun deſſein de m'offencer; & que s'ils
ont jugé un peu trop promptement
de mes opinions ſur des termes qu'ils
n'entendoient pas, c'eſt l'amour qu'ils
ont eu pour la Religion qui les y a
ſollicitez : amour qui ne peut être
trop grand, & qu'il eſt difficile de
retenir, lors qu'il eſt auſſi ardent que
je le reconnois dans quelques uns de
mes adverſaires. Qu'on me pardonne ce petit écart, je reviens.

VI. Dieu n'agit jamais ſans raiſon,

& il n'a que deux raisons générales
qui le déterminent à agir. L'Ordre
qui eſt ſa loi inviolable , & les loix
générales qu'il a établies & qu'il ſuit
conſtamment, afin que ſa conduitte
porte le carractére de ſes attributs.
Ainſi, comme il n'arrive rien dans les
créatures , que Dieu ne le faſſe en
elles , & qu'à l'égard des pecheurs
l'Ordre immüable de la juſtice n'éxige pas que Dieu leur faſſe aucun
bien; le pécheur ne peut rien obtenir
& ſur tout la grace , qu'il n'ait recours à la cauſe *occaſionnelle* qui détermine la cauſe *veritable* à la communiquer aux hommes. C'eſt donc une
eſpece de néceſſité de ſçavoir diſ-
tinctement quelle eſt preciſement
cette cauſe occaſionnelle, afin de s'en
approcher avec confiance , & obtenir
les ſecours, ſans leſquels j'ai fait voir
qu'il n'eſt pas poſſible de prendre
ſeulement la réſolution de ſacrifier à
la loi de Dieu ſa paſſion dominante.

VII. Lors qu'un malade craint la
mort, qu'il eſt pleinement convaincu
qu'il n'y a qu'un certain fruit capable

ble de lui rendre la santé, sa crainte
suffit, afin qu'il fasse quelque effort
pour en recouvrer. Le premier homme n'étoit immortel, que parce qu'il
savoit que le fruit de l'arbre de la vie
conservoit la vigueur, & donnoit
l'immortalité, & qu'il étoit en son
pouvoir de s'en nourrir. Ainsi lors
qu'on craint l'enfer, & qu'on sçait
distinctement que JESUS-CHRIST est
l'arbre de vie, dont le fruit donne
l'immortalité: ou pour parler clairement & sans équivoque aux Philosophes, lors qu'on sçait que JESUS-
CHRIST est la cause *occasionnelle* de la
Grace, la crainte actuelle de la mort
éternelle suffit pour l'invoquer, afin
qu'il forme par rapport à nous quelques desirs qui déterminent Dieu
comme cause veritable à nous délivrer de nos maux.

VIII. Or, encore un coup, car on ne
peut trop imprimer cette verité dans
les esprits, JESUS-CHRIST, comme hô-
me, est seul la cause occasionnelle de
la Grace: & il est plus certain & plus
seur que ses desirs ou ses prieres
influent l'esprit qui nous vivifie, qu'il

Partie I.P

n'eſt ſeur que le Soleil répandra de-
main la lumiere , & le feu la chaleur
& le mouvement. Le feu a reſpecté
le corps des Martyrs : le Soleil s'é-
clipſe ſouvent , & la nuit il nous
laiſſe dans les tenebres : Mais JESUS-
CHRIST n'a jamais prié en vain.
Car , ſi JESUS-CHRIST, avant que de
conſommer ſon ſacrifice par lequel il
a merité la gloire qu'il poſſede pre-
ſentement, parlant à ſon Pere , diſoit
de ſoi : *Ie ſçavois bien , mon Pere , que
vous m'exauciez toûjours* ; certainement
aujourd'huy qu'il eſt entré par ſon
Sang dans le Saint des Saints , &
qu'il eſt établi ſouverain Prêtre des
biens veritables , ce ſeroit étre bien
infidele,que de manquer de confiance en lui. Mais,dira-t-on,le feu communique la chaleur par la neceſſité
des loix naturelles: on ne peut s'en
approcher ſans reſſentir ſon action :
& il dépend au contraire de JESUS-
CHRIST de prier pour ceux qui l'invoquent. Cettte difference eſt veritable. Mais quoi ! doutera-t-on de la
bonté de JESUS-CHRIST ? Oubliera-t-
on qu'il porte la qualité de *Sauveur*

Jean 11.
42.

des pecheurs? *Vous le nommerez Jesus,* *Matt.1.*
dit l'Ange à S. Joseph, *Car il delivrera* 21.
*son peuple de leurs pechez.* Se défiera-
t-on des promesses qu'il nous a faites en tant d'endroits de son Evangile? Qu'on se souvienne que nous
avons en lui un *Pontife, qui a éprouvé* *Heb.4.*
*nos maux, & qui compatit à nos foiblesses:* 17.18.
Qu'il ne souhaitte rien tant que d'a- 5. 5.16.
chever son grand ouvrage, le temple
éternel, dont nous devons estre les
pierres vivantes; & que , comme il
le dit lui-même, *Tout est en joye dans* *Luc.*
*le ciel, lors qu'un pecheur se convertit :* 15.
& que dans ces pensées, on s'appro-
che avec confiance du *trône de sa*
*grace, du vrai propitiatoire* que Dieu
a établi en sa personne. Qu'on demande, on recevra: qu'on cherche, on
trouvera: qu'on frappe , & on aura
enfin la liberté d'entrer. *Quiconque* *Rom.*
*invoquera le nom du Seigneur sera sauvé ,* 10.13.
l'Ecriture nous apprend ces veri-
tez.

 I X. Ainsi supposé qu'un homme
craigne les jugemens terribles du
Dieu vivant, croye en JESUS CHRIST,
& l'invoque comme son Sauveur; &

P ij

qu'enfin il reçoive de lui assez de force pour former cette resolution heroïque de renoncer tout à fait à sa passion dominante : (laquelle resolution renferme l'amour actüel de la justice s'il hait veritablement son peché, car hair le desordre c'est aimer l'ordre) ce qu'il doit faire en cét état, c'est de venir, sans differer, se jetter aux pieds du Prêtre, afin de recevoir par le Sacrement de penitence l'absolution de ses pechez & la charité justifiante, que les pecheurs reçoivent par ce Sacrement, lors qu'ils s'en approchent par le mouvement qu'inspire le Saint Esprit, quoi qu'il n'habite pas encore en eux. Voici la preuve de ce que j'avance.

X. Jesus-Christ aprés sa resurrection, s'apparut à ses Apostres, & leur dit : *La paix soit avec vous; comme mon Pere m'a envoié, je vous envoie aussi de même : & ayant dit ces paroles, il souffla sur eux, & leur dit : Recevez le Saint Esprit. Les pechez seront pardonnez à ceux à qui vous les pardonerez,* &c. D'où il est clair premierement, que les Apostres, & les Prêtres

Jean 20. 21.

par consequent, ont le pouvoir de remettre les pechez : & cela ne peut guéres se contester. En second lieu, que ce Sacremét,& même tous ceux de la nouvelle alliance, pour d'autres raisons que celles que je donne presentement, conferent la charité justifiante, ou l'amour habitüel & dominant de l'Ordre immüable. Car Dieu ne juge point d'une ame sur ce qu'il connoît en elle de passager & d'actuel, mais sur ses dispositiõs stables & sur ses habitudes permanētes, dõc l'amour actüel de l'ordre ne justifie pas, mais l'amour habitüel: Car Dieu qui aime l'ordre invinciblement, ne peut pas aimer un cœur déreglé , un cœur plus disposé au mal qu'au bien. Or le Prêtre a le pouvoir de remettre les pechez. Donc il a celui de rendre le pecheur agréable à Dieu. Son absolution change donc l'acte en habitude, en dispositiõ permanante. Car enfin le Prêtre ne peut pas juger de l'état du pénitent, mais seulement de sa résolution actuelle. Il ne peut juger du pénitent que par la déclaration que le pénitent lui fait: & le penitent lui-

même ne peut sçavoir, si l'amour
qu'il a pour l'ordre est habituel ou
non. Car on ne peut juger de soi que
par le sentiment interieur qu'on en a,
& ce sentiment ne represente que les
actes qu'on sent actuellement, & nullement les habitudes, si elles ne sont
excitées. Ainsi le Prêtre ayant le
pouvoir d'absoudre, & ne pouvant
former son jugement que sur les dispositions connuës du Pénitent; il faut
de nécéssité que l'absolution change l'acte en habitude puis qu'il n'y
a que l'habitude qui justifie devant
Dieu.

XI. De là il est évident que c'est
une erreur tres-pernicieuse de croire,
que l'absolution du Prêtre ne délivre
le penitent que de la peine éternelle
duë au peché. Car le Prêtre n'aiant
aucun moien de reconnoître morale-
ment qu'un penitent soit juste aux
yeux de Dieu, il ne pourroit jamais
dóner l'absolution qu'au hazard, si le
Sacrement ne changeoit pas l'acte,
ou la resolution actuelle dont on a
sentiment interieur, en disposition
habituelle qui ne se fait point sentir.

Mais de plus, est-ce avoir le pouvoir de remettre les pechez que de laisser le pecheur dans la mort du peché , & ne faire du bien qu'aux justes ? Il faut donc qu'il y ait en Jesus-Christ un desir permanēt,& efficace en consequence de la puissance que Dieu lui a donnée, lors qu'il l'a établi cause occasionnelle de la grace , que l'état du penitent change par l'absolution du Prêtre , & qu'il soit delivré de la coulpe du peché aussi-bien que de la peine éternelle qui lui est deuë:

XII.Certainement,quand on compare ensemble les deux alliances de Dieu avec les hommes pour en découvrir les rapports;les biens promis par la loi,avec ceux que Jesus-Christ nous a meritez, & dont il est le dispensateur ;on voit bien que l'auteur de la loi donnant droit par ses promesses aux biens temporels, Jesus-Christ mediateur de la nouvelle alliáce doit aussi dóner droit aux vrais biens, aux biens éternels: & qu'ainsi nos Sacremens doivent opérer la grace , ou la charité justifiante dans ceux qui les reçoivent, laquelle feule donne droit à ces vrais biens. Car il eft certain que Dieu, qui aime l'Ordre, ne peut pas donner le ciel à ceux qui font plus difpofez au mal qu'au bien, à ceux qui font actuellement dans le defordre. Au refte le Concile de Trente a défini ce que je viens d'établir. C'eft un article de nôtre foi que les Sacremens de la nouvelle alliance operent la grace ou la charité juftifiante ; & que le pecheur qui s'approche du Sacrement de penitēce par le mouvement que lui infpire le S. Efprit mouvement qui ne le juftifie point, car le Saint Efprit n'habite point encore en lui, comme le dit le Concile, & pour les raifons que je viens d'expliquer, que ce pecheur, dis-je, reçoit veritablement la charité habituelle de la juftification, par l'efficace du Sacrement que le Sauveur des pecheurs a établi, pour les délivrer feurement de la captivité du peché.

XIII. Il eft donc évident que le pecheur contrit par quelque motif que ce puiffe être, car il n'importe ;

lors qu'il se sent touché de repentir, & qu'il a obtenu par ses prieres, ou autrement, assez de force pour former la résolution genereuse de ne plus pecher, & de renoncer à sa passion dominante, doit promptement avoir recours à la penitence, pour recevoir par ce Sacrement, ce que peut-être il ne pourroit pas obtenir par ses priéres ordinaires.

XIV. Je sçai bien que plusieurs personnes condamnent la crainte de l'enfer, comme un motif d'amour propre ; qui ne peut produire rien de bon : motif néanmoins que j'ai pris comme étant le plus vif & le plus ordinaire pour s'exciter à faire les choses qui peuvent nous conduire à la justification. Je sçai, dis-je, qu'ils rejettent ce motif comme inutile, & qu'ils approuvent au contraire l'esperance de la récompense éternelle comme un motif saint & raisonnable, & dont les plus gens de bien s'animent à la vertu, selon ces paroles de David toûjours si rempli d'ardeur & de charité. *Inclinavi cor meum ad faciendas justificationes tuas in æternum propter retributionem.* Ce-

pendant vouloir être heureux, ou
ne vouloir pas être malheureux,
c'eſt la même choſe, l'un n'eſt pas
moins bon que l'autre. La crainte de la douleur, le deſir du plaiſir ne ſont l'un & l'autre que des
mouvemens d'amour propre. Mais
l'amour propre en lui-même n'eſt pas
mauvais : Dieu le produit ſans ceſſe
en nous. Il nous porte invinciblement au bien ; & par ce même mouvement, il nous détourne invinciblement du mal. Nous ne pouvons
point nous empêcher de ſouhaitter
d'être heureux, & par conſequent
de n'être point malheureux. Ainſi la
crainte de l'enfer, ou l'eſperance du
paradis ſont deux motifs égaux, auſſi
bons l'un que l'autre : ſi ce n'eſt que
celui de la crainte a cét avantage ſur
l'autre, que c'eſt le plus vif le plus
fort le plus efficace ; parce qu'ordinairement toutes choſes égales,
on craint plus la douleur qu'on ne
ſouhaitte les plaiſirs. Chacun peut ſur
cela ſe conſulter ſoi-même. Et qu'on
ne diſe pas que la récompenſe éternelle renferme la veuë de Dieu, &
que c'eſt par cette raiſon là que l'eſ-

perance de la récompense est un bon motif : car il en est de même de la crainte. L'enfer de son côté exclud la veuë de Dieu, & la crainte de ne point posseder Dieu est la même chose que le desir ou l'esperance de le posseder. Ainsi, soit qu'on compare la douleur au plaisir, Dieu perdu avec Dieu possedé, la crainte est aussi bonne que le desir ou l'esperance. Mais de plus la crainte des peines éternelles a cét avantage qu'elle est propre à réveiller les plus assoupis & les plus stupides ; & c'est pour cela que l'Ecriture & les Peres se servent à tous momens de ce motif. Car enfin on devroit y prendre garde, ce n'est point proprement le motif qui regle le cœur, c'est l'amour de l'Ordre. Rien ne nous rend justes que l'amour de la justice essentielle & primitive, que la conformité de la volonté à la loi divine. Tout motif est naturellement, & ce me semble necessairement fondé sur l'amour propre, ou sur le desir invincible d'être heureux, j'entends solidement heureux, sur le mouvement que Dieu imprime sans cesse en nous pour le bonheur & la perfection de nôtre être, en un mot sur la volonté propre, car nous ne pouvons aimer que par nôtre volonté. Et celui qui brûleroit d'ardeur de joüir de la presence de Dieu pour contempler ses perfections, & avoir part à la felicité des Saints, seroit toûjours digne de l'enfer ; s'il avoit le cœur dereglé, & refusoit de sacrifier à l'Ordre sa passion dominante. Car il faut aimer Dieu tel qu'il est comme juste aussi bien que puissant. Et au contraire celui qui seroit indifferent, si cela se pouvoit ainsi, pour le bonheur éternel, mais d'ailleurs rempli de charité, ou de l'amour de l'Ordre, qui renferme la charité ou l'amour de Dieu sur toutes choses, seroit juste & solidement vertueux : parce que comme, comme j'ay déja prouvé fort au long, la vraye vertu, la conformité avec la volonté de Dieu consiste précisement dans l'amour habituel & dominant de la loi éternelle & divine, l'ordre immuable.

XV. Il y a de la difference entre les motifs & la fin, comme entre

les effets & leurs cauſes. On eſt excité par les motifs à agir pour la fin,
Dieu ſe faiſant connoître, ſe faiſant
gouter il ſe fait aimer. Dieu eſt la
fin, & ſon action en nous eſt le motif de nôtre amour. La vuë des perfections divines eſt le motif de l'a-
mour de bienveillance ou de com-
plaiſance ; & le gout des bontés divines eſt le motif de l'amour d'union.
Mais ôtez à l'eſprit tout amour propre, tout deſir d'être heureux &
parfait, que rien ne lui plaiſe, que
les perfections divines ne le touchent plus : le voila ſans doute in-
capable de tout amour. Si rien ne
lui fait plaiſir, comment ſe plaira-
t'il en Dieu. Si la beauté de l'Ordre
ne le touche pas, comment pourra-
t'il l'aimer ? Il eſt vrai qu'il pourra
préferer Dieu à tous les êtres : Mais
ce ne ſera là qu'un jugement ſpecu-
latif ou de pure eſtime. Toute concupiſcence ſuppoſe l'amour propre :
& ſelon S. Auguſtin la charité eſt
une ſainte *concupiſcence*. Il n'eſt point *de ſpir.*
deffendu de vouloir être heureux, ce *& lit-*
commandement ſeroit impoſſible : *tera.*

Mais il est deffendu de s'aimer ou quelque créature que ce soit comme sa fin, ou la cause de sa perfection & de son bonheur. Celui qui se connoit bien & les étres créez, voit clairement que Dieu seul est aimable : Et bien loin que le desir d'être heureux fasse qu'il rapporte à soi-même la cause de son bonheur ; bien loin que les plaisirs dont Dieu comble les Saints dans le Ciel puissent faire qu'ils s'aiment plus que Dieu, que c'est au contraire ce qui fait qu'ils s'oublient & qu'ils se perdent heureusement dans la divinité : car l'amour transforme pour ainsi dire celui qui aime en l'objet aimé, en celui qui fait toute sa felicité. Parce qu'effectivement la felicité vaut mieux que l'être. Car l'être est comme un milieu entre le bien être & le mal être ; milieu de soi assez indifferent à la volonté, qui n'aime ou ne hait l'être qu'autant qu'il est ou peut être bien ou mal ; car il n'y a point d'homme qui n'aimast mieux n'être point que de souffrir eternellement des douleurs quoique légéres,& sans

avoir jamais la moindre confolation.
Ainfi l'on oublie aifement fon être,
pour ne s'occuper que de celui qui
fait le bien être, de celui dont la
joüiffance fait toute nôtre felicité.

XVI. L'homme doit donc aimer
Dieu, non feulement plus que la vie
préfente, mais plus que fon être
propre. L'Ordre le demande ainfi.
Mais il ne peut être excité à cét
amour, que par l'amour naturel &
invincible qu'il a pour le bonheur
& la perfection de fon être. L'homme ne peut trouver en lui-même fon
bonheur & fa perfection : il ne peut
les trouver qu'en Dieu ; puis qu'il
n'y a que Dieu capable d'agir en lui
& de le rendre heureux & parfait.
De plus, il vaut mieux n'être point,
que d'étre malheureux. Il vaut donc
mieux n'être point que d'être mal
avec Dieu. Il faut donc aimer Dieu
plus que foi-même, & lui rendre une
éxacte obeiffance. C'eft le dernier des
crimes que de mettre fa fin dans foi-
méme: C'eft la folie du Sage des Stoïciens, dont le bonheur ne dependoit
point des Dieux convaincu de fon

impuiſſance & de celle des creatures, il faut tendre vers le Createur de
toutes ſes forces. Il faut tout faire
pour Dieu : Toutes nos actions ſe
doivent rapporter à celui de qui ſeul
nous tenons la force de les faire : autrement nous bleſſons l'Ordre, nous
offenſons Dieu , nous commettons
une injuſtice. Cela eſt inconteſtable.
Mais nous devons chercher dans l'a-
mour invincible que Dieu nous donne pour le bonheur, des motifs qui
nous faſſent aimer l'Ordre : car enfin,
Dieu étant juſte, on ne peut étre ſolidement heureux, ſi l'on n'eſt ſoûmis à
l'Ordre, *& celui-là hait ſon ame qui aime*
*l'iniquité.* Que ces motifs ſoient de
crainte ou d'eſperance , il n'importe,
pourvû qu'ils nous animent, & qu'ils
nous ſoutiennent. Les meilleurs ſont
les plus vifs & les plus forts, les
plus ſolides & les plus durables.

   XVII. Il y a des perſonnes qui ſe
font mille ſuppoſitions extravagantes, & qui faute d'avoir une idée juſte
de la divinité ſuppoſeront, par exemple , que Dieu a eu deſſein de les
rendre éternellement malheureux.
Et dans cette ſuppoſition ils ſe croyent

yent obligez d'aimer plus que toutes
choſes ce phantôme de leur imagination ; ce qui les embarraſſe ex-
tremement. Il eſt viſible néanmoins
qu'il y a contradiction dans cette
ſuppoſition ou d'autres ſemblables :
Car l'Ordre veut que tout mérite ſoit
récompenſé. Or c'eſt une action méritoire s'il en fut jamais, c'eſt le plus
grand ſacrifice qu'on puiſſe faire que
de choiſir une éternité malheureuſe
pour plaire à Dieu : & ſelon la ſuppoſition cette action ne pourroit être
récompenſée. Il eſt donc clair que
Dieu, qui a l'Ordre pour ſa loi inviolable, ne peut ordonner que l'homme choiſiſſe d'être malheureux ſi ce
n'eſt pour un tems, afin qu'il puiſſe
le recompenſer, & dedommager un
amour propre, juſte & legitime,
& dont on ne peut ſe dépoüiller, parce qu'on ne peut pas vouloir être
malheureux, & que le deſir de la
felicité eſt naturel & invincible. Car
enfin le moyen d'aimer Dieu, lors
qu'on s'ôte tous les motifs raiſon-
nables de l'aimer, ou plûtoſt lors
qu'au lieu de lui, on preſente à l'eſ-

prit une idole terrible, & qui n'a rien d'aimable. Dieu veut qu'on l'aime tel qu'il est, & non pas tel qu'il est impossible qu'il soit. Il faut aimer l'Etre infiniment parfait, & non pas un phantôme épouvantable, un Dieu injuste: Un Dieu puissant à la verité, absolu, souverain, tel que les hommes souhaittent d'être; mais sans sagesse & sans bonté, qualitez qu'ils n'estiment guéres. Car le principe de ces imaginations extravagantes qui font peur à ceux qui les forment, c'est que les hommes jugent de Dieu par le sentiment interiéur qu'ils ont d'eux-memes, & pensent sans réflexion que Dieu peut former des desseins qu'ils se sentent capables de prendre. Mais qu'ils n'ayent rien à craindre. S'il y avoit un Dieu tels qu'ils se l'imaginẽt, le vrai Dieu, jaloux de sa gloire, nous défendroit de l'adorer & de l'aimer; & qu'ils tàchent de se convaincre qu'il y a peut-être plus de danger d'offenser Dieu, lors qu'on lui donne une forme si horrible, que de mépriser ce phantôme. Il faut sans cesse chercher des motifs qui conservent & qui augmentent en nous l'amour de Dieu , tels que sont les menaces & les promesses qui se rapportent à l'Ordre immuable : motifs propres pour des creatures qui veulent invinciblement être heureuses, & d'ont aussi l'Ecriture est remplie. Il ne faut pas retrancher ces justes motifs, ni rendre odieux le principe de tout bien. Car enfin la raison pour laquelle les démons ne peuvent plus aimer Dieu, c'est qu'effectivement ils n'ont plus maintenant par leur faute, aucun motif de l'aimer. C'est qu'il est arresté , & ils le sçavent , que Dieu ne sera jamais bon à leur égard. Car comme on ne peut aimer que le bien d'un amour d'union , que ce qui est capable de rendre heureux, ils n'ont plus aucun motif d'aimer Dieu de cette espece d'amour. Mais ils en ont de le haïr de toutes leurs forces , comme la cause veritable, mais tres-juste des maux qu'ils souffrent. Mais d'ailleurs comme ils sont corrompus, la beauté de l'Ordre ne les touche plus, du moins dans ce qui blesse leur amour propre. Elle leur fait horreur, parce que c'est la loi qui les condamne. Ainsi ils ne peuvent aimer Dieu en aucun sens, ni sa puissance ni sa justice ni sa sagesse,&c ils y sont obligez, parce que l'Ordre le demande ; l'Ordre, dis-je, loi indispensable de toutes les intelligences en quelque état qu'elles puissent être, heureuses ou malheureuses. Comme ils meritent ce qu'ils endurent, ils sont déreglez, & seront incorrigibles dans leur malice pendant toute l'éternité. Tout ceci n'est que pour faire comprendre que tout ce qui peut nous faire aimer Dieu, recourir à JESUS-CHRIST, vivre dans l'Ordre, ne peut être mauvais, & ne doit point être rejetté. Si je me trompe, je demande qu'on m'éclaire, car cette matiere est de consequence. Mais il est tres difficile de l'éclaircir, parce qu'on n'a point d'idée claire de l'ame & qu'on ne la connoit que par sentiment interieur.

# CHAPITRE IX.

*L'Eglise dans ses prieres s'adresse au Pere par le Fils, & pourquoi. Il faut prier la sainte Vierge, les Anges & les Saints, non pas néanmoins comme causes occasionnelles de la grace interieure. Les Anges & les démons ont pouvoir sur les corps en qualité de causes occasionnelles. Ainsi les démons peuvent nous tenter, & les Anges favoriser l'efficace de la Grace.*

I. JEsus-Christ consideré selon sa nature humaine, étant seul le *vrai propitiatoire*, ou la cause occasion- *Rom. 3.* nelle de la Grace, ainsi que j'ai fait *25.* voir dans le chapitre précedent ; il est clair que c'est de lui seul, dont il faut s'approcher pour l'obtenir. Néanmoins on peut invoquer Dieu, & même il n'y a que lui qu'on doive adorer ou invoquer comme cause *veritable* de nos biens. On peut aussi prier la sainte Vierge, les Anges, & les Saints, non pas comme des cauſes *veritables*, ni *occaſionnelles* ou diſtributives de la Grace , mais comme amis de Dieu ou interceſſeurs auprés de JESUS-CHRIST. On peut mêmes enfin prier les Anges , comme nos protecteurs contre le demon , ou comme cauſes occaſionnelles de certains effets , qui peuvent nous diſpoſer à recevoir utilement la grace interieure. Mais il faut que j'explique ces veritez plus au long , car elles ſont de la derniere conſequence pour regler nos prieres , nôtre culte, tous nos devoirs.

II. L'Egliſe conduitte par l'Eſprit de verité , adreſſe ordinairement ſes prieres au Pere par le Fils : & ſi elle s'adreſſe au Fils c'eſt qu'elle le conſidere comme égal au Pere : & par conſequent ce n'eſt point ſimplement entant qu'homme qu'elle l'invoque, mais entant qu'homme-Dieu. Cela eſt évident par les concluſions ordinaires des prieres : *Per Dominum noſtrum Jeſum Chriſtum* : ou *Qui vivis & regnas Deus* , &c. Comme il n'y a que Dieu qui ſoit cauſe *véritable* , & qui, par ſon efficace propre, puiſſe faire ce que nous souhaittons ; il est nécessaire que la plûpart de nos prieres, & tout nôtre culte se rapporte à lui. Mais , comme il n'agit ordinairement que lors que les causes *occasionelles* qu'il a établies déterminent l'efficace de ses loix, il est aussi à propos que nôtre maniere de l'invoquer soit conforme à ce sentiment.

III. Si J e s u s-C h r i s t comme homme n'intercede pour les pecheurs , c'est en vain qu'ils invoquent Dieu. Car Dieu n'agit que lorsque l'ordre immüable de la justice l'exige , ou que les causes occasionnelles ou particulieres le demandent. Or la Grace n'étant point donnée aux merites , l'Ordre immuable de la justice n'oblige point Dieu à l'accorder aux pecheurs qui l'invoquent. Il faut donc que ce soit , la cause *occasionnelle* qui l'oblige à cela, en conséquence de la puissance qui lui a été donnée par l'établissement des loix générales de la Grace: c'est-à-dire par le decret de Dieu dont parle David dans le second pseaume. *Je suis établi Roi sur Sion,* dit *Je-*

*sus-Chrift, & voici ce que Dieu a ordon-
né. Le Seigneur m'a dit, tu es mon Fils. Je
t'ai engendré aujourd'huy. Demande-moi,
& je te donnerai toutes les Nations de la
terre.* Il faut que JESUS-CHRIST comme Souverain Prêtre *demande,* avant
que Dieu nous donne à lui par sa
grace, puisque personne ne vient à
JESUS-CHRIST *que son Pere ne l'attire.*
Mais, quoi que JESUS-CHRIST seul,
entant qu'homme, soit la cause particuliere des biens que nous rece-
vons, si les prieres de l'Eglise s'a-
dreffoient toûjours directement à lui,
cela pourroit donner aux hommes
quelque occasion d'erreur, & les
porter peut-être à l'aimer precise-
ment entant qu'homme, de cette espece d'amour, qui n'est dû qu'à la
puiffance véritable, & mêmes à l'a-
dorer sans rapport à la personne Divine en qui sa nature humaine sub-
fifte. Or l'adoration & l'amour *d'u-
nion* qui honore la *puiffance* ne font
dûs qu'au Tout-puiffant: Car JESUS-
CHRIST même ne mérite nos adora-
tions & cette espece d'amour, que
parce qu'il est en même temps Dieu
& homme.

IV.

Jean. 6.
44.

IV. Ainsi l'Eglise a tres-grande raison d'adresser ses prières à Dieu, cause
unique & *veritable*, par JESUS-CHRIST
néanmoins, en qui se trouve la cause
*occasionnelle* & distributive des biens
que nous demandons. Car, encore
que les pecheurs ne reçoivent la Grace, que lors que JESUS-CHRIST, comme homme, prie par ses desirs actuels
ou habituels, passagers ou permanens ; il faut qu'on sçache toûjours,
qu'il n'y a que Dieu qui la donne
comme cause veritable, afin qu'il soit
seul le terme de nôtre amour & de
nostre culte. Néanmoins quoi qu'on
s'adresse à la cause *veritable* & génerale, c'est de même que si l'on s'a-
dressoit à la cause particuliere & distributive. Parce que JESUS CHRIST,
comme homme, étant le Sauveur
des pecheurs, l'Ordre veut qu'il soit
averti de leurs invocations ; & que
bien loin d'être jaloux de la gloire
qu'on rend à Dieu, que lui-même
entant qu'homme, réconnoît sans
cesse son impuissance & sa dépendance. Il n'éxaucera jamais ceux, qui
semblables aux Eutichiens, regar-

<table><tr><td>Partie I.</td><td>R</td></tr></table>

dent fa nature humaine comme transformée en la Divine, & lui ôtent ainfi les qualitez d'Avocat, de Médiateur, de Chef de l'Eglife, en un mot, de fouverain Prêtre des biens veritables. Ainfi on voit bien d'un côté, que pour prier utilement, il n'eft pas abfolument néceffaire de fçavoir fi précifément & fi diftinctement les veritez que je viens d'expliquer : & de l'autre, que la conduite de l'Eglife s'acommode parfaitement avec les fondemens de la Religion & de la Morale ; qui font que Dieu feul eft la fin de toutes chofes, & qu'on ne peut avoir accés auprés de lui que par Jesus-Christ nôtre Seigneur. Je croi que l'on conviendra affez de tout ceci.

V. Mais à l'égard de la fainte Vierge, des Anges & des Saints, il y a plus de difficulté. Néanmoins le fentiment de l'Eglife eft qu'ils fçavent nos befoins ; lors que nous les invoquons ; & que, comme ils font en grace avec Dieu & unis à Jesus-Christ leur Chef, ils peuvent le folliciter par leurs prieres & par leurs desirs à nous délivrer de nos miseres. Cela paroît méme incontestable par l'exemple de saint Paul & de tous les Saints ; qui se sont toûjours recommandez aux prieres les uns des autres. Car enfin si les Saints sur la terre, remplis encore d'imperfection, peuvent par leurs prieres être utiles à leurs amis ; je ne voi pas qu'il y ait de bonnes raisons pour ôter aux Saints ce pouvoir. Ce qu'il faut seulement observer, c'est qu'ils ne sont point causes *occasionnelles* de la grace interieure : car cette puissance n'a été donnée qu'à Jesus-Christ comme Architecte du Temple Eternel, Chef de l'Eglise , Médiateur necessaire ; en un mot, cause particuliere ou distributive des vrais biens.

VI. Ainsi on peut prier la sainte Vierge, les Anges & les Saints, qu'ils sollicitent pour nous la charité de Jesus-Christ. Apparemment il y a de certains temps de faveur pour chaque Saint, comme les jours ausquels l'Eglise solemnise leurs festes. Il se peut mêmes faire qu'ils ayent en qualité de causes *occasionnelles*, le pouvoir de produire ces effets que nous appellons miraculeux ; parce que nous n'en connoiſſons pas la cauſe, & que Dieu ne fait pas toujours par des volontez particulieres : tels que ſont la guériſon des maladies, l'abondance des moiſſons, ou d'autres changemens extraordinaires dans l'arrangement des corps, ſubſtances inferieures aux eſprits, & ſur leſquels il ſemble que l'Ordre demande, ou du moins permette, qu'ils ayent quelque pouvoir, pour récompenſer ou plûtôt pour faire admirer leur vertu, & la faire embraſſer aux autres hommes. Mais quoi que cela ne ſoit pas certain à l'égard des Saints, je croi que cela eſt indubitable à l'égard des Anges. Cette verité eſt de ſi grande conſequence pour pluſieurs raiſons, que je croi la devoir expliquer en peu de mots par la conduite que Dieu a tenuë pour l'execution de ſes deſſeins.

VII. Dieu ne pouvant agir que pour ſa gloire, & n'en trouvant qu'en JESUS-CHRIST une digne de lui, il a certainement tout fait par rapport à son Fils. Cette verité est si claire , qu'il n'est pas possible d'en douter , lors qu'on y fait quelque refléxion. Car quel rapport entre l'action de Dieu & son ouvrage , si l'on sépare cét ouvrage de Jesus-Christ qui le sanctifie ? Quel rapport entre un monde profane , qui n'a rien de divin , & l'action de Dieu toute Divine , en un mot , entre le fini & l'infini ? Et peut-on concevoir que Dieu , qui ne peut agir que par sa volonté , que par l'amour qu'il se porte à lui-même , puisse agir pour ne rien faire qui soit digne de lui ; puisse agir pour faire un monde qui n'ait point de rapport à lui, ou qui ne vaille point l'action par laquelle il est produit.

VIII. Apparemment donc les Anges immediatement aprés leur création , étonnez de se voir sans Chef, sans Jesus-Christ , & ne pouvant justifier le dessein de Dieu de les avoir créez , les méchants crurent valoir quelque chose par rapport à Dieu , & l'orgueil les perdit. Ou, supposé ce qui paroît plus vraisem-

Voyez le 9. & le dernier entretien sur la Metaph.

R iij

blable, que le Verbe Eternel, pour
justifier dans leur esprit la sagesse
de la conduitte de Dieu , leur eut
appris qu'il avoit dessein de former
l'homme , & de s'unir aux deux
substances , esprit & corps qui le
composent , pour santifier en lui
tout l'ouvrage de Dieu , qui n'est
aussi composé que de ces deux gen-
res d'êtres ; les méchans s'oppose-
rent à ce dessein , & ne voulurent
point adorer JESUS-CHRIST , ny se
soumettre à celui qu'ils croyoient
leur être égal , ou même inferieur
par sa nature, quelque relevée qu'elle dust être par l'union hypostatique.
Alors il se fit deux partis opposez
dans l'ouvrage de Dieu , Saint Michel & ses Anges , Satan & ses ministres , principes des deux citez
éternelles , Jerusalem & Baby-
lonne.

IX. Il est certain que Dieu a don-
né aux Anges pouvoir sur les corps.
Il semble en effet que l'Ordre demande que les êtres superieurs puissent agir sur ceux qui sont au des-
sous d'eux. Comme Dieu se vouloit

fervir des Anges fideles pour conduire le peuple Juif, pour le récom-
penfer & pour le punir par des biens
& des maux temporels que la loi
leur propofe, & mêmes pour travailler fous Jesus-Christ à fon
grand ouvrage. Il étoit neceſſaire
qu'ils euſſent du moins pouvoir fur
les corps. Et il paroît aſſez que les
Démons mêmes n'ont pas été tout à
fait privez de ce pouvoir aprés leur
chutte ; puifque c'eſt uniquement
par là qu'ils agiſſent fur les efprits,&
qu'ils fe font rendus maîtres du monde. Dieu par la puiſſance qu'il a donnée à faint Michel fur fon peuple a
voulu figurer celle de Jesus-Christ:
& il a permis que le Demon regnaſt
fur le reſte du monde, afin que fon
Fils euſt des ennemis à combattre
& à vaincre, & qu'il fiſt paroître fa
puiſſance en détrônant le Prince re-
belle qui avoit aſſujetti à fes loix
toute la terre. Car jamais la puiſſance
du liberateur ne paroît davantage,
que lors que l'ennemi s'eſt rendu abfolument le maître, qu'on n'a plus
aucun pouvoir de lui réfifter, &

R iiij

qu'on gémit depuis long-temps fous
fa tyrannie. Les Anges, ayant donc
un pouvoir immédiat fur les corps,
& par eux pouvoir indirect fur les
efprits ; dés que les premiers hommes furent formez, les méchans ten-
terent la femme de la maniére qu'on
fçait ; en la flattant apparemment
fur le deffein connu de Dieu , que
le Verbe s'uniroit à l'homme pour le
fanctifier, felon ces paroles : *Eritis
ficut Dii , fcientes bonum & malum.* Car
je ne voi pas que des efprits éclairez pûffent avoir d'autre motif d'o-
béir au Démon , que celui d'être ti-
rez de leur état profane à un état
Divin & digne de Dieu : *Eritis
ficut Dii* ; & cela par une union particuliere avec la Raifon univerfelle ,
le Verbe Eternel ; avec celui de qui
toutes les intelligences reçoivent ce
qu'ils ont de lumiere : *Scientes bonum
& malum.* Comme ils étoient feuls
fur la terre , & chefs de la poftérité
qu'ils pouvoient avoir (fuppofé qu'ils
fçuffent quelque chofe de l'Incarnation du Verbe, ) ils avoient quelque
fujet de croire que c'eftoit en eux

que ce myftere devoit s'accomplir. Ainfi les Demons les ayant trompez les vainquirent, & s'en rendirent maîtres, & de tous leurs defcendans : & par là, quoi qu'ils favorifaffent le deffein de l'Incarnation du Verbe, puis que le peché du premier homme la rend neceffaire en plufieurs maniéres, ils crurent l'avoir renverfé. Car apparemment ces efprits fuperbes s'imaginoient que l'union avec Dieu fe pouvoit mériter par une obéiffance éxacte à fes ordres.

X. Il faut fçavoir, par des raifons que j'ai dites ailleurs, que le premier homme ayant peché, il étoit neceffaire en confequence des loix de l'union de l'ame & du corps, & conforme à l'ordre immüable de la juftice que fa chair fe révoltaft contre fon efprit : & mêmes que la concupifcence fe tranfmift dans tous fes enfans, mais par d'autres raifons que j'ai expliquées fort au long dans la *Recherche de la verité.* Or la concupifcence eft cét inftrument univerfel de l'iniquité, laquelle a inondé toute la ter-

*Voyez l'E-claircif-fement fur le*

re. Car étant entre les mains du Demon, qui peut l'exciter en mille manieres par le pouvoir qu'il a sur les corps, il a regné par elle jusqu'à la venuë de JESUS-CHRIST, jusques au temps du souverain Prêtre des vrais biens, ou de la cause occasionnelle de la delectation interieure, qui seule peut contre-balancer le poids de la concupiscence, & rendre inutile au Démon cét instrument de ses conquestes. Car l'homme voulant invinciblement estre heureux, rien ne peut guérir son cœur corrompu par les plaisirs sensibles, que l'onction de la grace, le goust ou l'avant-goust des vrais biens. Les bons Anges, ne pouvant répandre dans le cœur de l'homme la grace de sentiment ou la delectation interieure & les méchans pouvant exciter en eux la concupiscence ; c'étoit une necessité que le peché regnast, je ne dis pas parmi les idôlatres, je dis même, parmi les Juifs. Aussi sçait-on que ce peuple étoit fort charnel & fort grossier, toûjours porté à l'idolâtrie, & qu'il y retomboit souvent, malgré les miracles extraordinaires que S. Michel & ſes Anges faiſoient en leur faveur; malgré les promeſſes & les menaces des biens & des maux temporels, qui étoient l'objet de leur concupiſcence. Car les Anges meſmes ne conſervoient le culte du vrai Dieu, & ne retenoient dans le devoir le peuple ſoumis à leur conduite, que par des motifs d'amour propre; en leur promettant des biens que les vrais Chrêtiens croyent en toutes manieres indignes de leur amour.

XI. La loi ne devoit point promettre les vrais biens, car l'Ange par qui Dieu l'a donnée n'avoit pas le pouvoir de répandre la grace interieure ſans laquelle on ne peut les mériter. Cela étoit reſervé à Jesus-Christ. Outre que ces ſortes de biens ne pouvant être l'objet de la concupiſcence, la connoiſſance & le culte du vrai Dieu auroient bientôt été détruit parmi les Juifs. Cette nation choiſie auroit été reduite à une poignée de gens qui appartenoient à Jesus-Christ, & que la grace interieure a santifiez en chaque siecle. Or il falloit que la connoissance du vrai Dieu se conservast avec quelque éclat chez les Juifs, peuple prophetique, & témoin irréprochable des veritez de la Religion, malgré la puissance & les artifices du Prince du monde; jusqu'à ce qu'enfin le Fils unique de Dieu, pour lequel & par lequel toutes choses ont été faites, descēdit du ciel pour changer la face de toute la terre, & commencer ce dénoüement surprenant & admirable de la conduite de Dieu. Dénoüement qui finira par le nœud indissoluble de l'Epoux & de l'Epouse, qui joüiront ensemble dans le ciel d'une felicité éternelle au milieu des splendeurs divines, chantant sans cesse des cantiques de loüange à la gloire de celui qui aura réduit leurs ennemis sous leurs pieds par la puissance invincible de son bras, & par des voyes parfaitement dignes de sa sagesse & de ses autres attributs.

XII. Ces grandes veritez meriteroient sans doute d'être prouvées, & expliquées plus au long, mais

ce n'en est pas icy le lieu. Mon dessein est principalement de faire comprendre que les Anges sont Ministres
de Jesus-Christ, & *qu'ils sont envo-*
*yez,* comme dit S. Paul, *pour exercer*     Heb. 1.
*leur ministere en faveur de ceux qui doi-*     14.
*vent hériter le ciel :* & qu'ainsi ils ont
en qualité de causes *occasionnelles,* car
Dieu ne communique point sa puis-     Entr. 7.
sance aux créatures d'une autre ma-     sur la
niere , qu'ils ont, dis-je, le pouvoir,     Metap.
non de donner la grace interieure ;     n. 16. &
mais de produire dans les corps,     17.
& par eux dans les ames qui leur
sont unies , certains effets qui peuvent favoriser l'efficace de la Grace,
& empécher que les hommes ne
trouvent à tous momens ces sujets
de chutte que les démons leur pro-
posent. Car comme dit le Prophete,
*Il a ordonné à ses Anges de vous prote-*     Ps. 90.
*ger dans toutes vos voyes ; ils vous por-*     v. 12.
*teront sur leurs mains de peur que vôtre*
*pied ne rencontre quelque pierre qui vous*
*fasse choir.*

XIII. On peut donc prier les
Anges & leur demander leur pro-     1. Pet.
tection contre ce Lyon Rugissant,     5. 8.

qui, comme dit saint Pierre, *tour-*
*ne sans cesse au tour de nous pour nous*
*dévorer :* ou pour parler comme saint
Paul, *contre ces puissances invisibles,*
*ces principautez, ces Princes du mon-*
*de, remplis d'erreur & de ténebres,*
*ces malins esprits répandus dans l'air ;*
*car ce n'est pas seulement contre la chair*
*& le sang que nous avons à combattre.*
Mais il ne faut pas regarder les Anges comme causes distributives de
la grace, ni leur rendre le culte qui
n'est deu qu'à JESUS-CHRIST. Ne
*vous laissez pas séduire,* dit S. Paul,
*par ceux qui s'humilient devant les An-*
*ges, & leur rendent un culte superstitieux,*
*qui se meslent des choses qu'ils n'enten-*
*dent point ; ébloüis par de vaines ima-*
*ginations de leur esprit propre : au lieu*
*de demeurer attachez au chef duquel*
*tout le corps de l'Eglise reçoit l'esprit qui*
*lui donne l'accroissement & la vie ; à JE-*
*SUS-CHRIST, qui ayant desarmé les*
*principautez & les puissances, aprés les*
*avoir vaincuës par sa croix, les a fait*
*servir publiquement à la gloire de son*
*triomphe. Qui expolians principatus &*

*Ephes.*
*6. 12.*

*1.Coloss.*
*2. 18.*
*19.*

*Ibid.15.*

*potestates , traduxit confidenter palam*
*triumphans illos in semetipso.*

---

# CHAPITRE X.

*Des causes occasionnelles des senti-*
*mens & des mouvemens de l'ame*
*qui résistent à l'efficace de la grace*
*soit de lumiére soit de sentiment. L'u-*
*nion de l'esprit à Dieu est immédia-*
*te , & non celle de l'esprit au corps,*
*Explication de quelques loix gé-*
*nérales de l'union de l'ame & du*
*corps, nécessaires pour entendre la*
*suitte.*

DAns les chapitres 5. 6. & 7.
j'ay parlé assez au long de
la cause occasionnelle de la lumiere ; & dans les deux précedens
j'ay tâché de faire comprendre
qu'elle est la cause *occasionnelle,*
de la Grace de sentiment , & ce
qu'il y a à faire pour l'obtenir. Ainsi
comme il n'y a que la lumiere &

le sentiment, qui déterminent la volonté, ou le mouvement naturel qu'a l'ame vers le bien en général ; tout ce qui me reste présentement à expliquer, par rapport aux moiens d'acquerir ou de conserver l'amour habituel & dominant de l'Ordre immüable, ne font que les loix de l'union de l'ame & du corps, ou les causes *occasionnelles* de tous ces sentimens vifs & confus, & de tous ces mouvemens indéliberez, qui nous unissent à nôtre corps, & par nôtre corps à tous les objets qui nous environnent. Car, pour aimer l'Ordre, & acquerir la vertu, il ne suffit pas d'obtenir la grace de sentiment, qui seule ébranle l'ame, & la met en mouvement vers le vrai bien, il faut faire en sorte que cette grace agisse dans nos cœurs selon toute son efface. Ainsi il faut éviter avec soin les causes occasionnelles des sentimens & des mouvemens qui résistent à l'action de la grace,& qui la rendent quelquefois entierement inutile à nôtre sanctification. Voici

le

le principe le plus général de
tout ce que je dirai dans la fuitte
de la premiere partie de cét ouvrage.

I I. L'Efprit de l'homme a deux
rapports effentiels & naturels : à
Dieu, caufe *veritable* de tout ce qui
fe paffe en lui ; à fon corps caufe
*occafionnelle* de toutes les penfées qui
ont rapport aux objets fenfibles. Dieu
ne parle immediatement à l'efprit
que pour l'unir à lui : le corps ne
parle à l'efprit que pour le corps, que
pour l'attacher aux objets fenfibles.
Dieu ne parle à l'efprit que pour l'é-
clairer, & le rendre parfait : le corps
ne parle à l'efprit que pour l'aveugler & le corrompre en fa faveur.
Dieu par la lumiére conduit l'efprit à
fa felicité : le corps par le plaifir entraîne & précipite l'homme dans fon
malheur. En un mot, quoi que Dieu
faffe tout, & que le corps ne puiffe
agir fur l'efprit, non plus que l'efprit
fur le corps, que comme caufe occafionnelle en confequence des loix de
l'union de l'ame & du corps , & en
punition du péché, qui fans toucher à

ces loix, a changé l'union en dépendance; néanmoins on peut dire que
c'eſt le corps qui aveugle l'eſprit &
qui corrompt le cœur : parce que
c'eſt le rapport de l'eſprit au corps
qui eſt la cauſe de toutes les erreurs
& de tous les deſordres dans leſquels
on tombe.

III. Cependant il faut être bien
convaincu , & n'oublier jamais, que
l'eſprit ne peut avoir de rapport
immediat qu'à Dieu ſeul , qu'il ne
peut être uni directement qu'à lui :
car enfin l'eſprit ne peut être uni
au corps, que parce qu'il eſt uni à
Dieu même. Il eſt certain par mille
& mille raiſons que ſi je ſouffre par
exemple la douleur d'une picqûre ,
c'eſt que Dieu agit en moi, en conſequence néanmons des loix de l'u-
nion de l'ame & du corps: loix effi-
caces par l'action des volōtez divines
qui ſeules ſōt capables d'agir en moi.
Mais le corps par lui-même ne peut
être uni à l'eſprit, ni l'eſprit au corps.
Ils n'ont nul raport entr'eux, ni nulle
créature à quelqu'autre : je parle des
rapports de cauſalité tels que ſont

ceux qui dépendent de l'union de l'ame & du corps. C'eſt Dieu qui fait tout. Sa volonté eſt le lien de toutes les unions. Les modifications des ſubſtances ne dependent que de celui qui leur donne, & qui leur conſerve l'être. C'eſt une verité eſſentielle que je croi avoir demontrée ſuffiſamment dans mes autres écrits.

IV. Mais quoi que l'eſprit ne puiſſe être uni immediatement qu'à Dieu, il peut l'être encore aux créatures par la volonté de Dieu, qui leur communique ſa puiſſance, lors qu'il les établit cauſes occaſionnelles pour produire certains effets. Mon ame eſt unie à mon corps, parce que d'un côté ma volonté eſt établie cauſe occaſionnelle de quelques changemens que Dieu ſeul produit en lui : & de l'autre que les changemens qui ſe paſſent dans mon corps, ſont établis cauſes occaſionnelles de quelques uns de ceux qui arrivent à mon eſprit.

V. Or Dieu a établi ces loix pour pluſieurs raiſons qui nous ſont inconnuës. Mais entre celles qui nous font connuës, c'est premierement parce qu'en les fuivant, Dieu agit d'une maniére uniforme & constante, par des loix generales , par les voïes les plus fimples & les plus fages , en un mot d'une maniere qui porte le caractere de fes attributs. En fecond lieu parce que le corps de l'homme eft fa propre victime: Car il femble qu'il fe facrifie lui-même par la douleur, & qu'il s'anéantiffe par la mort. L'ame eft en épreuve dans fon corps : & Dieu voulant être mérité en quelque maniére, voulant proportionner les récompenfes aux mérites, il nous fournit par les loix de l'union de l'ame& du corps, voye fimple , générale , uniforme & conftante, mille moiens de nous facrifier & de mériter par fa grace la recompenfe eternelle. J'ai expliqué ailleurs ces véritez , mais il faut qu'on s'en fouvienne.

V I. Cette efpéce d'union de l'efprit avec Dieu , laquelle n'a nul rapport aux créatures , paffe dans l'efprit de bien des gens pour une imagination fans fondement. Car comme l'operation de Dieu en nous n'a rien de fenfible, ou croit fe répondre à foi-même & fe faire des réproches, lors que la Raifon univerfelle nous répond & nous reprend dans le plus fecret de nous-mêmes. Certainement celui qui ne connoît point ce que c'eft que la vérité & l'Ordre, ne connoît point cette union, quoi que peut-étre elle agiffe en lui : de même que celui qui n'aime point la verité, & qui n'obeit point à l'ordre, ne profite point de cette union quoi que peut-être il la connoiffe.

VII. Pour cette efpéce d'union de l'efprit avec Dieu, laquelle a rapport aux créatures, on la croit réelle, mais on la conçoit mal : Car on s'imagine recevoir des objets, ce qui ne vient que de Dieu feul. La caufe de ce prejugé eft la même du précedent. Comme l'operation Divine n'eft pas vifible, on attribuë aux objets qui frappent les fens, tout ce qu'on fent en leur préfence ; quoi qu'ils ne foient eux-mêmes

préfens à l'ame, que parce que Dieu
plus préfent à nous que nous mêmes,
nous les repréfente dans fa propre
fubftance. Subftance, dis-je, qui feule
eft intelligible, feule capable d'a-
gir en nous, & d'y produire toutes ces
fenfations qui rendent fenfibles les
idées intellectüelles, & nous font
juger confufément, non feulement
qu'il y a des corps, mais encore
que ce font ces corps qui agiffent en
nous, & qui nous rendent hûreux.
Et c'eft ce qui eft la caufe de tous
nos defordres.

VIII. Car les hommes en tout temps
veulent être hûreux, ils ne veulent
jamais être malhûreux. Le plaifir
actüel rend actuellement hûreux, &
la douleur malhûreux. Or on fent
du plaifir & de la douleur à la prefence des corps, & on croit qu'ils
en font la caufe *veritable*. C'eft
donc une efpéce de necceffi-
té qu'on les craigne & qu'on les
aime. Et mêmes quoi qu'on foit
convaincu par des démonftrations
méthaphyfiques & certaines, que
Dieu feul en eft caufe veritable, ce-

la ne donne pas la force de les
méprifer, lors qu'on en joüit. Car
les jugemens des fens agiffent plus
fur nous que les raifons les plus folides ; parce que ce n'eft pas tant la
lumiere que le plaifir qui ébranle
l'ame & la met en mouvement.

IX. Ainfi il eft vifible que pour
conferver l'amour dominant de l'Ordre immüable, il faut d'un côté faire
tous fes efforts pour augmenter cette
efpece d'union de l'efprit avec Dieu,
laquelle n'a point de rapport aux
objets fenfibles : & de l'autre diminüer autant qu'il eft poffible cette
autre efpéce d'union qui a rapport
aux corps, fubftances inferieures, à
la nôtre: & qui bien loin de pouvoir
nous rendre parfaits, ne peuvent agir
en nous, ni nous corrompre, que
parce que le peché du premier
homme a introduit la concupifcence, qui confifte uniquement dans la
perte que nous avons faite du pouvoir d'arrêter ou de fufpendre les
loix des communications des mouvemens, par lefquelles les corps qui
nous environnent agiffent fur celui

que nous animons , & par lui fur
nôtre efprit , en confequence des
loix de l'union de l'ame & du
corps.

X. J'ai dêja ce me femble fuffifa-
ment prouvé , du moins à l'égard de
certaines perfonnes , que tout le
mouvement de l'ame dependant de
la lumiere, & des fentimens , il eft
neceffaire, pour exciter en nous ce
mouvement qui nous approche de
Dieu, & qui nous y tient unis , de
s'exercer fans ceffe dans le travail
de l'attention, caufe occafionnelle
de la lumiere, & d'invoquer fouvent
JESUS-CHRIST caufe occafionnelle de
la grace de fentiment. Je dois maintenant expliquer les moiens de di-
minuüer l'union qui eft entre nous
& les créatures , & faire en forte
qu'elles ne partagent point avec Dieu
nôtre efprit & nôtre cœur. Car nous
fommes tellement fitüez entre Dieu
& les corps, que nous ne pouvons
nous approcher des corps fans nous
éloigner de Dieu, & qu'il fuffit de
rompre le commerce que nous
avons avec eux , pour fe trouver
uni

uni à Dieu , à cause de l'influence continüelle que Jesus-Christ répand dans ses membres.

XI. Assurément tout ce que je vas dire n'est pas fort necessaire à ceux qui ont lû & médité les principes que j'ai établis dans la *Recherche de la verité* : & si les hommes avoient tous assez de raison pour étudier par ordre, ou du moins assez d'équité pour croire qu'un auteur a peut-être plus pensé qu'eux au sujet qu'il traitte ; je ne serois pas obligé de répéter en général ce que j'ai dêja dit & prouvé ailleurs en plusieurs manieres. Personne ne lit Appollonius ou Archimede sans sçavoir son Euclide : parce quon n'entend rien dans les Sections coniques, si l'on ne sçait la Geometrie ordinaire; & qu'en matiere de Geometrie, quand on n'entĕd pas, on sçait bien qu'on n'entend pas. Mais en matiere de Morale & de Religion, chacun se croit assez en état de bien concevoir tout ce que les livres en disent. Ainsi chacun en juge sans prendre garde , que la Morale par exemple, j'entens la Morale démontrée ou expliquée par principes eſt à la connoiſſance de l'homme , ce qu'eſt la ſcience des lignes courbes à celle des lignes droites.

XII. Je me croi donc obligé de faire icy quelques ſuppoſitions des principes que j'ai prouvés ailleurs, & qui ſont néceſſaires pour la ſuitte : cela éclaircira peut-être bien des choſes que j'ai dêja dittes , & que je crains fort qu'on n'ait pas bien entenduës. Mais ces ſuppoſitions ne ſont point pour ceux qui ont medité les principes que j'ai expliquez ailleurs , ou qui ont bien compris tout ce que j'ai dit juſques ici. Ils peuvent paſſer au chapitre ſui- vant & s'épargner une lecture inutile.

XIII. Je ſuppoſe premierement qu'on ſoit bien convaincu , que pour unir l'ame au corps , il ne faut pas confondre les idées de ces deux ſub- ſtances : comme font la pluſpart des hommes , qui pour faire cette union, repandent l'ame dans toutes les par- ties du corps, & attribüent au corps tous les ſentimens qui n'appartien- nent qu'à l'ame. L'union de l'ame

& du corps confiste dans l'action mutüelle & reciproque de ces deux êtres, en confequence de l'efficace de volontez Divines, qui feules peuvent changer les modifications des fubftances. L'ame penfe & n'eft point étenduë, le corps eft étendu & ne penfe point. On ne peut donc unir l'ame au corps par l'étenduë, mais par la penfée: ni le corps à l'ame par des fentimens, mais par des fituations, & des mouvemens. Le corps eft piqué, l'ame le fent; l'ame craint un mal, le corps le fuit. L'ame veut remüer le bras; il fe remüe auffi-tot, & l'ame eft avertie de ce mouvement. Ainfi il y a une correfpondance mutuelle entre certaines penfées de l'ame & certaines modifications du corps en confequence de quelques loix naturelles que Dieu a établies & qu'il fuit conftamment. C'eft là ce qui fait l'union de l'ame & du corps. L'imagination peut fournir d'autres idées de tout ceci. Mais cette correfpondance eft inconteftable, & elle me fuffit pour la fuite. Ainfi je ne veux & je ne dois point bâtir fur des fondemens peu feurs & differents de ceux cy.

XIV. Je fuppofe en fecond lieu qu'on fçache que l'ame n'eft point immediatement unie à toutes les parties du corps, mais à celle qui leur répond à toutes ; & que j'appelle fans la connoître la partie principale. Ainfi nonobftant les loix de l'union de l'ame & du corps , on peut bien couper le bras à un homme fans qu'il réfulte dans fon ame aucune penfée qui y réponde , mais il n'eft pas poffible qu'il arrive le moindre changement dans la principale partie du cerveau , qu'il n'en arrive auffi dans l'ame. L'expérience prouve ces veritez , car quelquefois on coupe des parties fans qu'on le fente ; parce que l'ébranlement de la coupure ne fe communique point alors à la partie principale. Et au contraire ceux qui ont perdu un bras fentét fouvent une douleur tres-réelle dans ce bras imaginaire : parce qu'il fe paffe dás le cerveau le même ébrálement que fi on avoit mal au bras.

XV. Le premier homme avant fon péché avoit fur fon corps un pouvoir abfolu. Du moins empê-

cîloit-il , dés qu'il le vouloit , que
le mouvement ou l'action des objets
ne fe communiquaft,des orgânes des
fens qui en pouvoient être frappez
jufques à la partie principale du cerveau : & cela apparemment par une
efpéce de révulfion , femblable en
quelque chofe à celle qu'on fait,quâd
on fe veut rendre attentif à des penfées, que la préfence des objets fenfibles fait évanoüir.

XVI. Mais je fuppofe en troifiéme
lieu que maintenant nous n'avons
plus ce pouvoir : & qu'ainfi , pour
avoir quelque liberté d'efprit, penfer à ce qu'on veut , aimer ce qu'on
doit : il eft néceffaire que la partie
principale qui répond aux fens foit
calme & fans agitation;ou du moins
qu'on puiffe encore l'arréter ou la
flechir du côté qu'on le defire. Nôtre
attention dépend de nos volontez ,
mais elle dépend beaucoup plus de
nos fentimens & de nos paffions. Il
faut faire de grands efforts pour ne
pas regarder ce qui frappe , pour ne
pas aimer ce qui plaift;& l'ame ne fe
laffe jamais pluftot, que lors qu'elle

T iij

cõbat cõtre les plaisirs, & qu'elle se rēd
en un sens actuellemēt malheureuse.

XVII. En quatriéme lieu je suppose qu'on sçache que la partie principale n'est jamais touchée ou é-
branlée d'une maniere agréable ou
desagréable, qu'il ne s'excite dans les
esprits animaux quelque mouvement propre à transporter le corps
vers l'objet qui agit en elle, ou à
s'en separer par la fuitte : & qu'ainsi
les ébranlemens des fibres du cerveau , qui ont raport au bien ou
au mal, font toûjours suivis du cours
des esprits , qui disposent le corps
comme il le doit être par rapport
à l'objet présent ; & que mêmes les
sentimens de l'ame , qui répondent
à ces ébranlemens , font suivis des
mouvemens de la même ame , qui
répondent au cours de ces esprits.
Car les traces ou les ébranlemens
du cerveau font au cours des esprits
animaux ce que les sentimens de
l'ame sõt aux passiõs: & les traces du
cerveau font aux sentimens de l'ame
ce que le mouvement des esprits animaux est aux mouvemēs des passiõs.

XVIII. En cinquiéme lieu je suppose, que les objets ne frappent jamais le cerveau, sans y laisser des marques de leur action, ni les esprits animaux des traces de leurs cours; que ces traces & ces blessures ne se referment ou ne s'effacent, pas facilement, lors que le cerveau a esté souvent ou rudement frappé, & que le cours des esprits a esté rapide, ou a recommencé souvent de la même maniere : Que la memoire & les habitudes corporelles ne consistent que dans ces mêmes traces, qui donnent au cerveau & aux autres parties du corps une facilité particuliere à obeïr au cours des esprits : & qu'ainsi le cerveau est blessé & l'imagination salie, lors qu'on a joüi des plaisirs, & qu'on n'a pas craint de se familiariser avec les objets sensibles.

XIX. Enfin je suppose qu'on conçoive distinctement, que lors que plusieurs traces ont été formées dans le même temps on ne peut en ouvrir quelqu'une, sans entr'ouvrir toutes les autres : & qu'ainsi il y a toûjours plusieurs idées accessoires, qui se

T iiij

préfentent confufement à l'efprit , &
qui ont rapport à la principale à laquelle on s'applique particuliere-
ment ; & auffi plufieurs fentimens
confus & mouvemens indirects, qui
accompagnent la paffion principale,
celle qui ébranle l'ame , & la tran-
fporte vers quelque objet particulier.
Rien n'eft plus certain que cette liaifon des traces entr'elles , & avec les
differens cours des efprits ; des idées
entr'elles,& avec les fentimens & les
paffions. Pour peu qu'on connoiffe
l'homme, & qu'on faffe réfléxion fur
le fentiment intérieur qu'on a de ce
qui fe paffe en foi-même , on decou-
vrira plus de ces veritez en une heure
que je n'en pourrois expliquer en un
mois : pourveu qu'on ne confonde
point l'ame avec le corps pour les
unir entr'eux , & qu'on diftingue
avec foin les propriétez dont la fubftance qui penfe eft capable , de
celles qui appartiennent à la fubftance étenduë. Et je croi devoir
avertir que ces fortes de veritez, font
d'une confequence infinie , non feulement pour concevoir diftinctement

ce que j'ay dit jufques icy & ce que je dois dire dans la fuitte, mais generalement pour toutes les fciences qui ont quelque rapport à l'homme. Comme j'ay traitté ce fujet fort au long dans la *Recherche de la verité* & principalement dans le fecond livre, je n'ai pas crû devoir en parler d'abord ; & fi mêmes ces fuppofitions paroiffent obfcures , & n'ouvrent, pas affez l'efprit pour faire clairement comprendre ce que je dois dire ici , qu'on ait recours à ce même livre ; car je ne puis me réfoudre à expliquer amplement une même chofe plufieurs fois.

# CHAPITRE XI.

*De quelle sorte de mort il faut mourir pour voir Dieu, ou s'unir à la Raison, & se délivrer de la concupiscence. C'est la grace de la foi qui nous donne cette heureuse mort. Les Chrétiens sont morts au peché par le Baptême, & vivant en Jesus-Christ réssuscité. De la mortification des sens & de l'usage qu'il en faut faire. On doit s'unir aux corps ou s'en separer, sans les aimer ni les craindre. Mais le plus seur, c'est même de rompre avec eux tout commerce, autant que cela se peut.*

I. LA mort est une voie abrégée de se délivrer de la concupiscence & de rompre tout d'un coup cette union malheureuse, qui nous empêche de nous réünir à nôtre Principe. Mais il n'est pas necessaire que je prouve ici, que se la procurer c'est commettre un crime, qui, bien loin de nous réünir avec Dieu, nous en separe pour jamais. Il est permis de

méprifer la vie , & même de fou-
haitter la mort, comme S. Paul , pour
être avec JESUS-CHRIST : *Defiderium* Phil. 1,
*habens diffolvi & effe cum Chrifto.* Mais 23.
on eft obligé de conferver fa fanté
& fa vie ; & c'eft la grace de JESUS-
CHRIST qui doit nous délivrer de la
concupifcence , ou de ce corps de
mort qui nous attache aux créatures. *Infœlix ego homo. Quis me libera-*
*bit de corpore mortis hujus,* s'écrie le Rom.
même Apôtre , *gratia Dei per Jefum* 7. 24.
*Chriftum.*

II. Certainement il faut mourir Exod.
pour voir Dieu , & s'unir à lui ; car 33. 20,
perfonne ne peut le voir & vivre, dit
l'Ecriture. Mais on meurt veritablement à proportion qu'on quitte le
corps , qu'on fe fépare du monde ,
qu'on fait taire fes fens , fon imagination , & fes paffions , par lefquelles on eft uni à fon corps , & par lui
à tous ceux qui l'environnent. On
meurt à fon corps & au monde à
proportion qu'on rentre en foy-même , qu'on confulte la verité interieure , qu'on s'unit & qu'on obeït à
l'Ordre. La fageffe Eternelle eft ca-

chée aux yeux de tous les *vivans.*
*Iob. 28.* Mais ceux qui sont *morts* au Siecle &
*21.* à eux-mêmes, ceux qui ont crucifié
leur chair avec ses desirs dereglez :
ceux qui sont crucifiez avec JESUS-
CHRIST , & à l'égard desquels le
monde est crucifié : en un mot, ceux
qui ont le cœur pur, & dont l'imagination n'est point salie, sont en état
de contempler la verité. Maintenant
ils ne voyent Dieu que confusement
& imparfaitement *ex parte, per specu-*
*1.Cor.* *lum, in ænigmate.* Mais ils le voient
*13.12.* veritablement , ils sont étroitement
& immediatement unis à lui, & ils
le verront quelque jour face à face :
car il faut connoître & aimer Dieu
dés cette vie pour le posseder en l'autre.

I I I. Mais ceux qui vivent non
seulement de la vie du corps , mais
encore de la vie du monde: ceux qui
joüissent des plaisirs, & se répandent
dans tous les objets qui les environnent , ne trouveront point la verité.
Car la sagesse n'habite point avec
ceux qui vivent dans les délices. *Sa-*
*Iob. 28.* *pientia non invenitur in terra suaviter*
*13.*

*viventium.* Il ne faut donc pas se donner la mort qui tuë le corps & finit
la vie : mais il faut se donner la mort
qui abat le corps , & diminuë la vie,
j'entens l'union de l'esprit au corps
ou sa dépendance. Il faut commencer & continüer son sacrifice , & en
attendre de Dieu la consommation
& la récompense. Car la vie du Chrêtien sur la terre est un Sacrifice continüel , par lequel il immole sans
cesse son corps , sa concupiscence,
son amour propre à l'amour de l'Ordre : & sa mort précieuse aux yeux
de Dieu est le jour de ses victoires
& de ses triomphes en Jesus-Christ
ressuscité , le précurseur de nôtre
gloire , & le modéle de nôtre réfor-
mation éternelle.

IV. S. Paul nous apprend que *nôtre*    Rom. 6.
*vieil homme a déja été crucifié avec* Jesus-    6.
Christ, parce qu'effectivement par le
Sacrifice que Jesus-Christ a offert
sur la croix , il nous a merité à nous
particuliérement qui avons été lavez
dans son sang par le Baptème, toutes
les graces nécessaires pour contrebalancer , & même diminüer peu à peu

le poids de la concupiscence, de maniére que le peché ne regne plus en
nous que par nôtre faute. Ainſi ne
nous imaginons pas pour juſtifier
nôtre lâcheté, que nous ne puiſſions
point réſiſter à la loi de la chair qui
ſe révolte ſans ceſſe contre la loi de
l'eſprit. La loi du peché ſeroit la
maîtreſſe abſoluë des mouvemens de
nôtre cœur, ſi JESUS-CHRIST ne
l'avoit point détruite par ſa Croix ;
Rom. 6. Mais nous, *qui ſommes morts & enſe-*
4. *velis au peché par le Baptême*, qui ſom-
Ibid. 11. mes juſtifiez & reſuſcitez en JESUS-
CHRIST glorifié, qui ſommes ani-
mez de l'inflüence de nôtre chef, de
l'eſprit de JESUS-CHRIST, d'une force toute divine, nous ne devons pas
croire que le ciel nous abandonne
dans les combats, & que ſi nous
ſommes vaincus, c'eſt que le ſecours
*Act. 2. nous manque. JESUS-CHRIST ne né-
21. glige point ceux qui l'invoquent :
Rom. c'eſt une impieté que de le croire, car
10. 13. * *quiconque invoquera le Seigneur, ſera*
Joel. 2. *ſauvé : diſent toutes les Ecritures.*
33.
†Eph. 2. V. *Certainement nous ne ſerions point*
5. 6. *glorifiez † & aſſis dans le Ciel en Jeſus-*

Chrift : nous n'aurions point la vie eter- *1. Join.*
nelle refidénte en nous : nous ne ferions *3. 15.*
pas heritiers de Dieu & coheritiers avec *Rom.*
Jefus-Chrift , citoiens de la fainte cité & *8. 17.*
enfans adoptifs de Dieu-même , ce que
les Apôtres difent des Chrétiens ,
fi Dieu n'étoit point fidéle dans fes
promeffes , en permettant que nous
fuffions tentez au deffus de nos forces , ce que faint Paul nous deffend
de croire. Mais on peut dire avec *1. Cor.*
verité que nous fommes déja glori- *10. 13.*
fiez en Jesus-Christ , & le refte :
parce qu'effectivement il ne dépend
plus que de nous de conferver par
la grace le droit que la même grace
nous donne aux biens futurs ; & que
c'eft une efpéce de brutalité , qui
doit mêmes furprendre les efprits,
que l'homme perde par fa faute
des biens infinis & fe damne pour
jamais par fa négligence.

VI. Cette verité fuppofée comme
inconteftable , réveillons nôtre foi
& nôtre efperance : cherchons les
moiës d'affurer nôtre falut & faifons
en forte que la grace que Dieu ne peut
pas répandre fur nous, dans un autre

deſſein que celui de nous ſanctifier &
de nous ſauver, nous ſanctifie effectivement,& nous faſſe mériter les vrais
biens. *Mortui enim eſtis,& vita veſtra ab-*
*ſcondita eſt cum Chriſto in Deo. Mortificate*
*ergo membra veſtra quæ ſunt ſuper terram.*
Vous eſtes morts , dit ſaint Paul,
& vôtre vie eſt cachée en Dieu avec
JESUS-CHRIST ; mortifiez donc les
membres de vôtre corps. Nous ſommes morts au peché ; parce que vivans en JESUS-CHRIST nôtre Chef,
nous devons & pouvons par ſon
inflüence donner la mort au vieil
homme ; il ne tient qu'à nous. Mais
pour executer ce deſſein, il faut, ſui-
vant le conſeil de ſaint Paul , travailler toute ſa vie à la mortification
de ſes ſens, veiller avec ſoin à la
pureté de ſon imagination , regler
ſur l'Ordre tous les mouvemens de
ſes paſſions : en un mot diminüer le
poids du péché , qui , par les efforts
actüels de la concupiſcence excitée,
eſt capable de contrebalancer les
graces les plus fortes & de nous ſe-
parer de Dieu. *Mortificate ergo mem-*
*bra veſtra quæ ſunt ſuper terram.* Si nous
faiſons

faisons ce qui dépend de nous, la grace agira selon toute son efficace dans
nôtre cœur : nous mourrons dans le
sens de saint Paul ; *& enfin nôtre vie* *Ibid. 4.*
*cachée en Dieu avec Jesus-Christ paroîtra*
*avec éclat, lors que Jesus-Christ lui-mê-*
*me viendra à paroître tout environné de*
*gloire & de majesté.*

VIII. De tous les exercices propres
à favoriser l'efficace de la grace, il
n'y en a point de plus necessaire que
celui de la mortification des sens :
car ce n'est que par nôtre corps que
nous sommes unis à ceux qui
nous environnent. C'est principalement par le sentiment que l'ame
s'étend pour ainsi dire dans toutes
les parties de son corps & par l'i-
magination & les passions elle se
transporte au dehors, & se repand
dans toutes les créatures. Mais comme les sens présentent à l'esprit les
objets, l'imagination & les passions
supposent les sens & en dépendent.
Car il est certain que l'image corpo-
relle d'un objet sensible, ( Il n'est pas
question ici des figures qui sont l'objet des mathematiques, ) n'est que la
trace & l'ébranlement que ce même

objet a produit dans le cerveau par le moyen des sens, laquelle trace se renouvelle par l'action de l'imagination ou le cours des esprits. A l'égard des passions elles ne peuvent aussi être excitées que par le mouvement des esprits animaux, qui suppose toûjours que le cerveau, reservoir de ces esprits, soit ébranlé par les sens ou par l'imagination. Ainsi celui qui mortifie ses sens combat dans son principe l'union de l'esprit au corps, ou pluſtôt la dependance. Il diminüe la vie animale, le poids du peché, la concupiscence, & favorise l'efficace de la grace, qui seule peut nous réünir à nôtre principe.

VIII. Le sens le plus étendu, celui qui sert à tous les autres, & sans lequel l'imagination & les passions seroient toutes languissantes, c'est la veüe. Pour peu de réfléxion qu'on fasse sur soi-même, & sur l'usage qu'on peut faire de ses yeux, on reconnoîtra qu'ils nous exposent tous les jours à mille dangers. Un regard indiscret est certainement capable de nous précipiter dans les enfers. Il fit tomber

David dans un adultére, qui l'enga-
gea enfuitte dans un homicide. Héve
fe laiffa tromper par le démon, parce
qu'elle ofa bien regarder fixement
le fruit défendu, & qu'elle le trouva
fort agréable à la veüe, *Pulchrum vifu,* Gen. 35.
*afpectuque delectabile.* Et s'ils avoient
l'un & l'autre méprifé leurs fens
comme des trompeurs, & s'étoient
defiez de leur témoignage, ils auroient apparemment confervé leur
innocence. Il n'eft pas fort à propos
que je m'étende ici à prouver par les
mauvais effets de la veüe, la neceffité qu'il y a de fermer les yeux en
bien des rencontres : il vaut mieux
que j'explique les chofes dans leur
principe, & que je faffe voir l'ufage
legitime qu'on doit faire generalement de tous fes fens; ce qui fe re-
duira à l'ufage le plus refferré qu'on
en puiffe faire.

IX. Voici le principe que je crois
avoir démontré en plufieurs manieres dans le premier livre de Recherche de la verité. *Les fens ne nous font
donnez que pour la confervation de nôtre
être fenfible.* Ils font pafaitement bien

V   ij

reglez par rapport à ce deſſein : mais rien n'eſt plus faux , plus trompeur, plus déreglé qu'eux par rapport à l'uſage que le monde en fait : en voci la preuve. Nous ſommes compoſez d'un eſprit & d'un corps : nous avons auſſi deux ſortes de bien à rechercher celui de l'eſprit & celui du corps. Le bien de l'eſprit ſe reconnoît à la lumiere , car c'eſt le vrai bien : celui du corps ſe diſcerne par ſentiment , car c'eſt un faux bien ou pluſtot ce n'eſt nullement un bien. Si l'homme connoiſſoit les objets ſenſibles tels qu'ils ſont en eux-mêmes, ſans y ſentir ce qui n'y eſt pas, il ne pourroit les rechercher & s'en nourrir ſans chagrin, & ſans une eſpece d'horreur : & s'il ſentoit les vrais biens autrement qu'ils ſont, & ſans les connoître, il les aimeroit brutalement & ſans merite. Car l'eſprit ne peut & ne doit vivre que de la ſubſtance intelligible de la Raiſon: & il n'y a que les corps qui puiſſent nourrir les corps & les faire croître. Les biens intelligibles n'accommodent pas la machine;& les biens fenfibles dereglent l'efprit. Ainfi la lumiere & l'evidence font aux biens de l'efprit, ce que le fentiment & l'inftinct font aux biens du corps. Cela ne fe peut contefter.

X. La raifon de tout ceci c'eft que Dieu n'a fait l'efprit que pour lui: il ne l'a pas fait afin qu'il s'occupât des objets fenfibles, & qu'il confervaft & conduifift par raifon le corps qu'il *informe*. Pour connoître diftinctement & par raifon les rapports infinis que les corps qui nous environnent, ont avec celui que nous animons: pour fçavoir par exemple, quand on doit manger, combien & quels fruits, afin d'entretenir fa fanté & fa vie ; il faudroit s'appliquer tout entier à la phyfique, & affurement on ne vivroit pas long-temps par ce moien, du moins les enfans qui font fans expérience. Mais la faim avertit du befoin, & regle à peu prés la quantité de la nourriture. Autrefois elle la régloit jufte; & elle la regleroit encore affez bien, fi nous mangions des fruits tels que Dieu les fait croître. Le goût eft une preuve courte & inconteftable, fi certains corps font ou ne font pas propres à la nourriture. Sans connoître la tiffure d'une pierre ou d'un fruit inconnu, il fuffit de le prefenter à la langue, portier fidéle, du moins avant le peché, de tout ce qui doit entrer dans la maifon, pour s'affurer s'il n'y fera point de defordres. C'eft la même chofe des autres organes de nos fens. Rien n'eft plus prompt que le toucher pour avertir qu'on fe brûle, lors qu'on touche imprudemmet un fer chaud. Ainfi l'efprit, laiffant au fens la conduite du corps, il doit s'appliquer à la recherche des vrais biens, contempler les perfections & les ouvragres de fon auteur, étudier la loi Divine, & regler fur elle tous fes mouvemens. Il faudroit feulement que fes fens l'avertiffent avec refpect, & ceffaffent de l'interrompre quand il leur impoferoit filence. Cela étoit autrefois ainfi. Mais le peché du premier homme a changé cet ordre admirable; & l'union de l'esprit & du corps demeurant la même, l'esprit s'est trouvé maheurcusement gourmandé par les sens, à cause de la perte qu'il a fait du pouvoir de leur commander, ainsi que j'ai déjà dit tant de fois.

XI. Les sens sont donc instituez afin de fournir à l'homme des voies courtes & seures pour discerner les corps par rapport à la conservation de la santé & de la vie. Qu'on s'en serve dõc pour s'unir par le corps aux objets sensibles ou pour s'en séparer : cela est dans l'ordre. Je dis *s'unir*, ou *se separer* : je ne dis point *aimer*, je ne dis pas *craindre* : car l'amour & la haine sont des mouvemens de l'ame qui ne doivent jamais être determinez par des sentimens confus. C'est la raison & non pas l'instinct qui la doit conduire. Que l'esprit aime ou n'aime pas le pain; cela est indifferent au corps. Si l'on en mange sans l'aimer, le corps ne laissera pas de s'en nourrir; & si on l'aime sans en manger, le corps n'en deviendra pas plus robuste. Mais

d'un autre côté l'ame se corrompra
& se déreglera. Car tout mouvement
de l'ame qui, au lieu de tendre vers
celui qui l'imprime sans cesse en elle,
afin qu'elle l'aime uniquement tend
vers les corps, substances mortes inferieures inefficaces est aveugle, dereglé, brútal, ce ne font point là des
abstractions chimériques : ce font
des véritez nécessaires, des loix im-
müables, des obligations indifpen-
fables.

XII. Mais quoy peut-on s'unir
aux corps sans les aimer : peut-on
fuir son persecuteur sans le craindre ?
Oui sans doute, on le peut : car je
parle principalement des mouvemens
libres, qui certainement peuvent
n'être pas conformes aux mouvements naturels. Mais qu'on ne le
puisse pas, je le veux. Qu'en doit-on
conclure ? Que le cœur de l'homme
est tellement corrumpu, que son
mal est incurable, & qu'il ne peut
faire usage de ses sens, qu'il n'aigrisse
& ne renouvelle ses playes ; &
qu'ainsi la mortifiation des sens est
la chose du monde la plus necessaire

dans

dans l'état où l'homme est réduit. Car
enfin doutera-t'on que Dieu n'agit
que pour lui, qu'il n'emprime à l'a-
me du mouvement que pour lui, que
tout amour des corps est déréglé, en
un mot qu'on est indispensablement
obligé d'aimer Dieu de tout sõ cœur,
de toute son ame, de toutesses forces.

XIII. Quand l'ame est pénetrée de
la présence de Dieu, & qu'elle le
regarde opérant sans cesse dans les
objets qui frappent les sens : quand
l'esprit est actuellement convaincu
de l'impuissance génerale des créatures, & appliqué à régler son cœur
selon ses lumiéres, sans doute
il peut dans ce moment s'unir au
corps ou s'en separer sans les aimer,
ni les craindre. Mais il est vrai que
ce temps de réflexion ne peut pas
durer. L'esprit se fatigue par son attention à ses devoirs & les sens venant à être touchez par quelque objet qui les flatte, l'ame, surprise &
contente d'abord par l'apparence du
bien, ne manque pas de suivre, par
le mouvement qui lui est propre,
celui des humeurs & du sang. Tout

plaisir excite & détermine le mouvement naturel de l'ame ; & comme en tous temps on veut être heureux , le mouvement libre de la volonté se conforme volontiers à ce mouvement naturel qu'excitent les sens. Il faut résister pour ne pas suivre ce mouvement. Mais en resistant on se lasse , on perd le repos qu'on aime ; on se rend malheureux dés qu'on cesse de suivre l'attrait du plaisir qui rend heureux.

XIV. Il vaut mieux sortir d'un courant qui nous entraîne, si nous cessons un moment d'y résister , que d'y demeurer dans une action continüelle:du moins c'est-là le plus seur. Il vaut dõc mieux autant que nous le pouvõs rõpre le commerce que nous avõs par les sés avec les objets sensibles,que de s'exposer à mille & mille dangers en se fiant sur ses propres forces : forces certainement vaines & trompeuses. Que l'imagination les exalte , que l'orgueil humain les deffende, l'experience les confond , la foi les condamne & les rend méprisables. Du moins prenons le plus seur. Il s'agit de l'éternité , de l'alternative épouvantable, de la félicité des Saints,& des supplices des démons pour des siecles infinis. Nous pouvons heureusement boucher les avenües par lesquels s'entretient ce commerce dangereux des sens avec les faux biens. Le mouvement des pieds & des mains est soumis à nos volontez. Il dépend de nous de baisser la veüe , de tourner la teste , de prendre la suitte. Nous pouvons ainsi éviter le coup fatal que porte un objet infame. Mais ce coup étant receu, le cerveau en demeure blessé,l'imagination salie, le cœur pénetré & corrompu. Toùt ce qui se produit par la force de ce coup dans le cerveau & dans les nerfs qui excitent les passions, n'est nullement soumis à nos volontez. De sorte que nous pouvons sans beaucoup de peine empêcher le mal par la mortification de nos sens, mais nous ne pouvons point le guerir sans des combats infinis. Heureux, trop heureux , si, sages à nos depens, nous empêchons qu'il n'augmente

& ne nous precipite dans les enfers.

XV. Tâchons donc de nous bien convaincre que nos sens sont des faux témoins, qui portent sans cesse témoignage contre nous en faveur de nos passions; & que s'il est premis de les écouter pour le bien du corps, rien n'est plus dangereux que de les consulter pour le bien de l'ame. Que s'il est par exemple fort ridicule de prouver par raison que l'or ou les pierres précieuses ne sont pas propres à la nourriture, c'est agir contre l'ordre & le bon sens que d'examiner par le sentiment du goût, si le vin est un objet digne de nôtre amour & de nôtre application. Comprenons bié que c'est la lumiere qui doit regler les mouvemens de l'ame, & le plaisir ceux du corps : que la lumiere ne trompe jamais, & qu'elle laisse l'esprit libre sans le pousser au bien qu'elle lui présente, afin qu'il l'aime librement & par raison ; que le plaisir au contraire trompe toûjours, qu'il ôte ou diminuë la liberté de l'esprit, & le pousse naturellement, non vers Dieu qui le produit, mais vers l'objet sensible qui sêble le produire. Souvenôs-nous de ces principes & tirons en cette consequence, que'la mortificatiõ des sens est l'exercice le plus necessaire à celui qui prétend vivre de Raison, suivre l'ordre, travailler à sa perfection, s'assurer un bonheur solide, une félicité éternelle.

XVI. Comme j'ai prouvé fort au long dans le premier livre de la *Recherche de la verité*, que nos sês nous trompent généralement en toutes choses ; je ne crois pas devoir m'arrêter davantage à démontrer ce que je viens d'exposer. Je crains plutôt que ceux qui ont lû & médité mes autres écrits, ne trouvent à redire que je répéte souvent les mêmes choses. Mais écrivant pour tout le monde, cela ne se peut autrement, car toutes ces veritez sont enchaînées, & ont rapport les unes aux autres. Il faut connoître l'homme & ses maladies, du moins en partie pour en comprendre les remedes, & sçavoir la Morale par principes. Si je supposois pour connuës toutes les

verités que j'ai prouvées ailleurs, tout
le monde n'entendroit pas trop bien
ce que je veux dire: plusieurs pourroient s'en effraier, & ce livre auroit
apparemment le même sort que l'in-
fortuné Traitté *de la Nature & de la
Grace*, que je n'avois composé que
pour ceux qui sçavoient distinctement les véritez que j'avois déjà
suffisamment expliquées, ainsi que
j'en avois averti ; contre lequel
néanmoins on s'est déchainé de maniere, qu'on m'a imputé les héresies
mêmes que j'y détruis dans leurs
principes.

# CHAPITRE XII.

*De l'imagination. Ce terme est obscur & confus. En general ce que c'est que l'imagination. Differentes sortes d'imagination. Ses effets sont dangereux. De ce qu'on appelle dans le monde le bel esprit. Cette qualité est fort opposée à la grace de Jesus-Christ. Elle est fatale à ceux qui la possedent, & à ceux qui l'estiment & l'admirent dans les autres sans la posseder.*

Quoi que les sens soient le premier principe de nos desordres, ou l'origine de l'union de l'esprit & du corps, qui maintenant desunit l'esprit d'avec Dieu ; néanmoins il ne suffit pas de regler leur usage afin que la grace opére en nous selon toute son efficace ; il faut de plus faire taire l'imagination & les passions. L'imagination dépend des sens aussi bien que les passions : mais elle a sa malignité particuliere. Lorsque les sens l'ont excitée, elle produit des effets extraordinaires. Mais souvent , quoi que les sens ne l'ébranlent point actuellement, elle agit par ses propres forces. Elle jette le trouble dans toutes les idées de l'ame par les fantômes qu'elle produit, & quelquefois ces fantômes sont si agreables ou si terribles , si vifs & si animez qu'ils mettent en fureur les passions par la violence des mouvemens qu'ils excitent. Mais j'appréhende que quelques personnes ne conçoivent pas clairement ces véritez , il faut que je les explique plus distinctement.

I I. Ce terme , *Imagination*, est fort en usage dans le monde :  mais j'ai peine à croire que tous ceux qui le prononcent , y attachent une idée distincte. Je l'ai déjà dit , & je le répéte , car il n'y a point de mal d'y penser plus d'une fois : les mots les plus communs sont les plus confus, & le discours ordinaire n'est souvent qu'un jeu de paroles vuides de sens, qu'on écoute  & qu'on rend comme les échos la voix des bergers. Pourveu  qu'on s'entretienne agréablement, qu'on se communique les uns aux autres ses affections, qu'on se donne mutuellement des marques d'estime, on sort content de la conversation. On fait de la parole le même usage que de l'air & des manieres : on s'unit les uns aux autrespar les sens & les passions ; & souvent la raison n'a point d'autre part à la societé que celle de servir à la vanité & à l'injustice des hommes. Car la verité n'est bonne à rien en ce monde. Ceux qui la recherchent sont des visionnaires, des esprits particuliers, des personnes dangereuses qu'il faut éviter comme l'air contagieux. Ainsi les paroles, dont le principal usage devroit être de representer les idées pures de l'esprit, ne servent d'ordinaire qu'à exprimer des idées sensibles, & les mouvemens de l'ame qui ne se communiquent déjà que trop par les manieres, l'air du visage, le ton de la voix, la posture & le mouvement du corps.

III. *Imagination* est un de ces termes que l'usage autorise, & n'éclair-

cit pas : car l'usage ordinaire n'éclair-
cit que les mots qui réveillent les
idées sensibles. Ceux qu'il substituë
aux idées pures, sont tous ou équivoques, ou confus. Comme l'imagination n'est visible que par les
effets, & qu'il est difficile d'en connoître la nature, chacun prononce
le même mot, sans en avoir la même idée, peut-être même que bien
des gens n'en ont nulle idée.

IV. L'imagination se peut con-
siderer en deux manieres ; du côté
du corps,& du côté de l'ame.Du côté
du corps, c'est un cerveau capable de
traces, & des esprits animaux propres à former ces traces. Qu'on conçoive par esprits animaux tout ce
qu'on voudra imaginer, pourveu
que ce soient des corps qui par leur
mouvement, puissent agir dans la
substance de la principale partie du
cerveau. Du côté de l'esprit, ce sont
des images qui répondent aux traces, & de l'attention capable de former ces images ou ces idées sensibles. Car c'est nôtre attention, qui
en qualité de cause occasionnelle de-

termine le cours des esprits, par lequel les traces se forment, & auxquelles traces les idées sont attachées. Tout cela en conséquence des loix de l'union de l'ame & du corps.

V. Ces images ou ces traces, formées par la force de l'imagination, aussi bien que par l'action des objets, disposent le cerveau, reservoir des esprits, de maniere que le cours de ces mêmes esprits est déterminé vers certains nerfs, dont les uns se repandent vers le cœur & les autres visceres, pour y produire de la fermentation, ou du refroidissement; en un mot divers mouvements par rapport à l'objet present aux sens, ou à l'imagination : & les autres nerfs répondent aux parties exterieures du corps pour lui faire prendre la situation, & le disposer au mouvement que demande ce même objet.

V I. Le cours des esprits animaux vers les nerfs, qui répondent aux parties interieures du corps, est accompagné des passions du côté de l'ame ; & ces mêmes passions, produites originairement par l'action de l'imagination, fortifient, par une grande abondance d'esprits qu'elles font monter à la tête, la trace & l'image de l'objet qui les a fait naître. Car les passions reveillent, soutiennent, fortifient l'attention, cause occasionnelle du cours des esprits, qui forment la trace du cerveau, laquelle détermine un autre cours des esprits vers le cœur & les autres parties du corps pour entretenir les mêmes passions. Tout cela encore par l'œconomie admirable des loix de l'union de l'ame & du corps. Voilà une legere idée de l'imagination, & du rapport qu'elle a avec les passions. J'ai expliqué ailleurs plus amplement cette matiere. Mais je croi que cela suffit pour faire comprendre en quelque maniere aux personnes attentives, ce que j'entens en general par *imagination*, & en particulier que :

VII. Par imagination *salie ou corrompuë*, j'entens un cerveau qui a reçu quelques traces assez profondes pour appliquer l'esprit & le corps par

*Recherche de la verité 2. & 5. liv.*

rapport à des objets indignes de l'homme ; & que par *pureté* d'imagination j'entens un cerveau sain & entier où sans ces traces criminelles qui corrompent l'esprit & le cœur.

Par imagination *foible & delicate*, j'entens un cerveau dont la partie principale , de laquelle dépend le cours des esprits est facile à penetrer & à ébranler.

Par imagination *fine & delicate* j'entens un cerveau dont les fibres sont si delicates qu'elles reçoivent & conservent distinctement les moindres traces que le cours des esprits grave entr'elles.

Par imagination *vive* , j'entens que les esprits animaux, qui forment les traces , sont trop agitez par rapport à la consistence des fibres du cerveau.

Par imagination *spatieuse* , j'entens une abondance d'esprits capable de tenir dans un même temps tout ouvertes plusieurs traces du cerveau.

Par imagination *reglée* , j'entens que les passions, ou quelqu'autre ac-

cident n'ait point forcé ou rompu
quelque fibre de la partie principale
du cerveau, qui doit obéir à l'attention de l'efprit.

Par *vifionnaire*, j'entens un homme dont l'attention détermine à la
verité le cours des efprits, mais elle
n'en peut pas bien mefurer la force,
ou retenir le mouvement. Ainfi le
vifionnaire penfe à ce qu'il veut; mais
il ne voit rien tel qu'il eft. Car les
traces étant trop grandes ou trop
profondes, il ne voit rien dans fon
état naturel : il faut toûjours rabbat-
tre quelque chofe de ce qu'il dit.
Tout le monde en ce fens eft vifionnaire à l'égard de certains fujets ;
ceux qui le font le moins, font les
plus fages.

Par *infenfé*, j'entens celui dont
l'attention ne peut ni retenir ni déterminer le cours des efprits.

Par imagination *contagieufe & dominante*, j'entens une telle abondance
d'efprits animaux, & fi agitez, qu'ils
répandent fur tout le corps, & principalement fur le vifage un air de
confiance qui perfuade les autres.

Tous les hommes, lors qu'ils font émûs de quelque paſſion ; & les viſionnaires en tout temps ont l'imagination contagieuſe & dominante.

VIII. Comme la ſubſtance & la diſpoſition des fibres du cerveau eſt différente dans différentes perſonnes, & dans les mêmes en différens âges, & que les eſprits animaux ſont plus ou moins ſubtils, plus ou moins abondans, plus ou moins agitez ; on peut bien juger qu'il y a beaucoup plus de ſortes d'imaginations que je n'en explique ici, & qu'il n'y a pas mêmes aſſez de termes pour marquer exactement leurs differences. Car ce terme *imagination* n'eſt pas ſeulement l'expreſſion abregée de pluſieurs idées, mais encore d'un nombre infini de rapports, qui réſultent de la comparaiſon de ces idées, leſquels rapports font le caractére particulier des imaginations. Le cerveau ſeul diſpoſé de telle ou telle maniére, conſideré ſans rapport au mouvement, à l'abondance, à la ſolidité des eſprits, ne fait point une telle ou telle imagination : C'eſt le

rapport qui resulte de la qualité des
esprits avec la substance des fibres
du cerveau. Car celui, qui a une
grande abondance d'esprits fortagi-
tez & fort solides, n'a pas pour cela
l'imagination vive & spatieuse, si
d'ailleurs les fibres du cerveau sont
trop solides, trop humides, trop en-
trelassées les unes dans les autres.

IX. Ces veritez supposées, je dis que
l'imagination a des effets aussi dangereux qu'en ont les sens, & qu'ainsi
il est nécessaire de la tenir dans le
silence, afin que la grace opére en
nous selon toute son efficace.

X. Car premierement l'imagination, aussi-bien que les sens, ne parle
que pour le bien du corps: parce que
naturellement, tout ce qui vient à
l'esprit par le corps n'est que pour le
corps. C'est un grand principe.

XI. Secondement l'imagination
interrompt sans cesse l'esprit, lors
qu'elle est échauffée, & elle le con-
traint souvent de lui repondre & de
l'entretenir aux dépens de la Raison.
De plus on peut facilement éviter
l'action des objets sensibles, & faire
ainsi

ainſi taire ſes ſens : car il dépend de nous de fermer les yeux, ou de prendre la fuitte. Mais on ne peut pas facilement diſſiper les fantômes qu'excite l'imagination, & c'eſt une néceſſité que l'eſprit contemple tout ce qui ſe paſſe dans le cerveau.

XII. Troiſiémement Les ſens repreſentent aſſez au naturel les objets ſenſibles. Mais l'imagination les étend & les groſſit, les embellit ou les rend difformes & terribles, de maniere que ſouvent l'eſprit en eſt tantôt charmé & tantôt épouvanté. Tel a le cœur corrompu par des deſirs déreglez, que l'imagination toute ſeule a excitez, qui ſe trouve guéri par l'accompliſſement de ces mêmes deſirs. La joüiſſance actüelle de l'objet de ſes deſordres par laquelle il a conſommé ſon crime, le delivre du moins pour quelque temps d'une paſſion qui devoit à l'imagination toute ſa force & tout ſon emportement.

XIII. Quatriémement les ſens ne s'attachent qu'à certains objets qui nous environnent, & qui ſont à leur

Partie I.                    Y

portée : mais l'imagination rend l'esprit esclave de toutes choses. Elle l'unit au passé, au présent, au futur ; aux réalitez & aux chimeres , aux êtres posibles & à ceux que Dieu ne peut créer , & que l'esprit ne peut comprendre. Elle tire de son propre fonds des fantômes terribles , & elle s'en effraye. Elle en fait naître de plaisans , & elle s'en réjoüit. Elle change & détruit la nature de tous les êtres , & forme mille desseins extravagans , dans le monde qu'elle compose de réalitez & de purs fantômes.

XIV. Enfin l'imagination , sans aller à la folie, trouble, & dissipe toutes les veritables idées , & corrompt le cœur en une infinité de manieres. Je serois trop long à expliquer les differens effets des diverses especes d'imagination. Mais celle qui est la plus opposée à l'efficace de la grace de JESUS-CHRIST , c'est ce qu'on appelle dans le monde le *bel esprit*. Car, plus l'imagination est instruite , plus elle est à craindre. La finesse , la delicatesse , la vivacité , l'étenduë de l'imagination, grandes qualitez aux yeux des hommes, étant le principe le plus fecond & le plus general de l'aveuglement de l'esprit, & de la corruption du cœur. Comme j'avance là un paradoxe, on ne me croira pas sans preuves.

XV. L'esprit ne peut être raisonnable que par la Raison : il ne peut être reglé que par l'Ordre. Il ne tire sa perfection que de l'union immediate & directe qu'il a avec Dieu. Au contraire l'union de l'esprit au corps, le remplit de ténebres, & le jette dans le desordre : parce que maintenât cette union ne peut s'augmenter sans diminüer celle qui lui est opposée. Or c'est par l'imagination que l'esprit se répand dans les creatures : car ce n'est que par les idées pures & exemptes de fantômes qu'il s'unit à la verité. Ainsi plus l'imagination a de force, de vivacité, d'étenduë, plus l'esprit s'occupe des objets sensibles. J'ay déja dit tout céci. Or lors que l'imagination est belle, facile, nette & vive, les fantômes qu'elle forme, sont vifs, animez, agréables, toûjours au naturel, & au deſſus du naturel. Ainſi, celui par la force de ſon imagination fait naître dans ſon eſprit mille objets differens, qui reveſt ſes fantômes d'ornemens toûjours à la mode, & leur donne certains mouvemens meſurez qui ébranlent agréablement tout le cerveau ; celuy là, dis-je, ſe laiſſe charmer par ſon propre ouvrage: &, au lieu de contempler les choſes en elles-mêmes, telles que leurs idées les repréſentent, il ſe fait un plaiſir continüel de ſe donner la comédie, & d'applaudir aux fictions de ſon eſprit.

XVI. Tous les hommes cherchent naturellement des approbateurs, & le bel eſprit n'en manqua jamais. Lors qu'il parle, comme il parle bien, tout le monde l'écoute avec eſtime : comme il parle agréablement, tout le monde l'écoute avec plaiſir : comme il n'avance que certaines veritez ſenſibles, fauſſetez réelles, car ce qui eſt vrai aux ſens eſt faux à l'eſ-prit, tout le monde lui applaudit. Mais un homme qui connoît, ou pluſtot un homme qui par l'air de ceux qui le regardent, sent vivement qu'on l'admire, qu'on l'aime, qu'on l'honnore, qu'on le révere, peut il se defier de ses pensées, se persuader qu'il se trompe, & ne pas s'attacher, non seulement à ses propres visions qui l'enchantent : mais encore à ce monde qui lui applaudit, à ces amis qui le caressent, à ces disciples qui l'adorent, peut-il être uni étroittement avec Dieu, ayant tant de liaisons & de rapports aux créatures ?

XVII. Le bel esprit est un homme d'honneur, j'y consens : il peut néanmoins être fourbe, & il y en a pour le moins autât de ce caractere que d'aucun autre. Il n'a point de vice, je le veux : il y en a néâmoins de debauchez & en grand nombre. Mais certainement le bel esprit tient au monde par une infinité d'endroits, car comment pourroit-il être mort au monde, le monde vivant si fort pour lui ? Le bel esprit est agité sans cesse par des mouvemens de vanité, car tous ses commerces ne font qu'irriter la concupiscence de l'orgüeil. Le bel

esprit, j'entens principalement ici ce
bel esprit qui vit au milieu du monde choisi, qui tend sans cesse à prendre dans les esprits une situation
avantageuse, ou qui par la réputation qu'il s'est déjà faite est devenu
veritablement l'esclave de tous ceux
qui le regardent comme leur maître.
Le bel esprit dis-je, est donc separé
de Dieu, plus qu'aucun autre, &
il n'y a nulle apparence de retour.
Que la delectation de la grace se
répande dans son cœur dix fois le
jour, elle trouvera toûjours ce cœur
rempli de sentimens & de mouvemens qui l'étouferont. Que la lumiere éclaire son esprit & dissipe ses
fantômes, l'imagination sçaura bien
les produire. Il y a trop de fers à bri-
ser & de liaisons à rompre pour delivrer ce captif, mais ce captif aime ses
chaînes: il ne sent point sa servitude,
il en fait gloire.

XVIII. Un débauché n'est pas
toûjours actuellement dans la débau-
che : le sang & les humeurs n'y
pourroient pas suffire ; & lors que
la fermentation cesse, le debauché

a honte de ſes deſordres. Mais le
ſang fournit toûjours aſſez d'eſprits
pour entretenir la concupiſcence de
l'orgueil. Quel temps ſera donc favorable à l'efficace de la grace ? Le
fourbe a continuellement des remords qui le troublent & qui l'in-
quiétent: mais le bel eſprit n'a nul
remords. Eſt-ce un crime, dira-il,
que d'avoir de l'eſprit, & de mériter l'eſtime des honnêtes gens ? Ce
n'eſt pas un crime que d'avoir de
l'eſprit : mais c'eſt une erreur que de
prendre l'imagination pour l'eſprit.
ce n'eſt point un crime que de meriter l'eſtime des autres: mais c'eſt une
illuſion que de s'imaginer qu'on la
merite ; je ne dis pas pour avoir
dans ſa tête abondance d'eſprits
animaux, ou une juſte proportion des
fibres du cerveau avec ces eſprits, en
quoy conſiſte le bel eſprit : mais même pour être uni avec la Raiſon de
la maniére la plus pure & la plus
étroitte qui ſe puiſſe. On ne mérite
aux yeux de celui, qui ſeul ſçait
connoître & récompenſer le merite,
que par la conformité avec l'Ordre,

que par le bon ufage de fa liberté :
ufage qu'on ne peut bien regler que
par le fecours de la grace , & dont
celui qui fe glorifie perd le merite ,
parce qu'il ne rend pas à Dieu feul
la gloire qui lui eft deuë. Dieu a-t'il
créé les autres hommes afin qu'ils
s'occupent de nous & qu'ils nous
aiment, afin qu'ils le tournent vers
nous & qu'ils nous admirent, qu'ils
courent aprés nous, qu'ils fe lient à
nous ? Certainement Dieu veut être
adoré de fes créatures. Mais quoi
adoré ? Qu'on fe profterne devant
fes Autels, qu'on brûle de l'encens
en abondance,qu'on mefle les voix
avec les inftrumens pour faire re-
tentir les Eglifes d'air agréables com-
pofez à fa loüange ? Non fans doute.
Dieu eft efprit, & il veut être adoré
en efprit & en verité. Il veut l'homme tout entier, fes penfées fes mouvemens fes actions.Mais le bel efprit
plus qu'aucun autre, s'attire les re-
gards , & arrête fur lui les mouvemens des autres hommes. Au lieu
de prendre lui-même la pofture
d'un homme qui adore, & de tourner

ner les esprits & les cœurs vers celui-là seul qui doit être adoré ; il
s'éleve dans l'esprit de l'homme :
il y prend une place honnorable. Il
entre jusques dans le sanctuaire de
ce Temple sacré, la demeure principale du Dieu vivant ; & par l'éclat
& le faste sensible qui l'environne,
il prosterne les imaginations foibles
à ses pieds, & se fait rendre un culte véritable, un culte spirituel, un
culte qui n'est dû qu'à Dieu.

XIX. Mais celui qui cherche l'estime des hommes, & qui dérobe à
Dieu ce qu'il estime le plus dans
ses creatures, pourroit-il attirer sur
lui les graces du Ciel ? *Dieu qui résiste* 1. *Pet.*
*aux superbes*, le préviendra-t-il de c. 5.
ses benedictions ? L'esprit de Dieu
repose volontiers sur ceux qui sont
humbles, & que le monde méprise,
ce sont des veritez certaines par
l'Ecriture. Il éclaire ceux qui rentrent en eux-mêmes, l'experience
l'apprend. Mais il aveugle ces imaginations vives & éclatantes, qui
se répandent sans cesse au dehors :

Partie I.                              Z

car la verité habite en nous. De plus, la grace, soit de lumiere, soit de sentiment, n'a point son effet dans l'esprit & dans le cœur de ceux qui sont unis à tout ce qui les environne : cela est évident par les choses que je viens de dire. Le bel esprit qui cherche la gloire, n'en trouvera donc qu'une vaine & passagere, & tombera pour jamais avec les esprits d'orgueil dans l'ignominie qui lui est deuë.

XX. Mais cette beauté d'esprit si fatale à ceux qui la possédent, & qui s'en glorifient, est encore fort dangereuse pour ceux qui l'estiment & qui l'admirent sans la posseder ; c'est une vérité qu'il faut sçavoir. Rien n'est plus contagieux, que l'imagination ; & ceux qui l'ont vive & dominante, sont toûjours les maîtres de ceux qui les regardent fixement. Leur air & leurs maniéres répandent, pour ainsi dire, la conviction & la certitude dans tous ceux qui les considerent ; car ils passionnent si vivement toutes

chofes, que lors qu'on ne rentre pas
en foi-même pour confronter ce
qu'ils difent avec les réponfes de la
verité interieure, ce qui eft fort difficile à faire en leur prefence, on reçoit leurs fentimens, je ne dis pas
fans en examiner les preuves, je dis
même fans comprendre ces fentimens. On demeure convaincu, fans
fçavoir précifément de quoi on eft
convaincu, parce qu'on eft pénetré,
qu'on eft ébloüi, qu'on eft do-
miné.

XXI. Néanmoins on doit fçavoir
que de tous les hommes, ceux qui
font les plus fujets à l'erreur, ceux
dont les fentimens font les plus
dangereux, ceux dont les mouvemens font les moins reglez, ce font
les imaginations vives & dominan-
tes. Car, plus le cerveau eft rempli
d'efprits, plus l'imagination fe révolte, plus les paffions s'animent,
plus le corps parle haut, qui ne par-
la jamais qu'en faveur du corps ;
que pour unir & foumettre l'efprit
au corps, & le feparer de celui qui

feul peut donner à l'ame la perfection dont elle eft capable. Il faut
donc travailler à faire taire fa propre
imagination , & fe mettre en garde
contre ceux qui la flattent & qui
l'excitent. Il faut éviter autant que
l'on peut le commerce du monde :
car lors que la concupifcence , foit
de l'orgueil foit des plaifirs, eft actuellement excitée , la grace n'opére
point en nous felô toute fon efficace.

XXII. Car enfin l'homme eft fujet à deux efpéces de concupifcence, à la concupifcence des plaifirs ,
& à la concupifcence de l'élevation
& de la grandeur. C'eft à quoi on
ne penfe point affez. Lors que
l'homme joüit des plaifirs fenfibles,
fon imagination fe falit ; & la concupifcence charnelle s'excite & fe
fortifie. De même lors qu'il fe répand
dans le monde , qu'il cherche des
établiffemens , qu'il fait des amis ,
qu'il acquiert de la réputation ; l'i-
dée qu'il a de lui-même s'étend &
fe groffit dans fon imagination , &
la concupifcence de l'orgueil fe re-

nouvelle & s'augmente. Il y a naturellement dans le cerveau des traces
pour entretenir la societé civile , &
travailler à l'établissement de sa for-
tune , comme il y en a qui ont rapport à la conservation de la vie , &
à la propagation de l'espece. Nous
sommes unis aux autres hommes
en mille manieres aussi réellement
qu'à nôtre corps:& toute union aux
créatures nous desunit maintenant
d'avec Dieu, parce que les traces du
cerveau ne sont plus soumises à nos
volontez:

XXIII. Tous les hommes recon-
noissent assez bien le dereglement
de la concupiscence charnelle. Ils
s'en défient , ils en ont quelque horreur,ils évitent en partie ce qui peut
l'irriter. Mais il y en a tres-peu qui
fassent une sérieuse réflexion sur la
concupiscence de l'orgueil , & qui
appréhendent de la réveiller & de
l'augmenter. Chacun s'abandonne
indiscretement dans le commerce du
monde , & s'embarque sans crainte
sur cette mer orageuse, comme l'ap-

pelle S. Auguſtin. On ſe laiſſe conduire à l'eſprit qui y regne, on aſpire
à la grandeur, on court à la gloire.
Car le moyen de demeurer immobile au milieu de ce torrent de gens
qui nous environnent & qui nous
inſultent s'ils nous laiſſent derriere
eux. Enfin on ſe fait un nom, mais
un nom qui rend d'autant plus eſ-
clave, qu'on a fait plus d'efforts pour
le meriter: un nom qui nous lie étroitement aux créatures, & qui nous
ſepare du Créateur: un nom illuſtre
dans l'eſtime des hommes, mais un
nom d'orgueil que Dieu confondra.

# CHAPITRE XIII.

*Des passions. Ce que c'est. Leurs effets dangereux. Il faut les moderer. Conclusion de la premiere partie de ce Traitté.*

I. LEs sens, l'imagination, & les passions vont toûjours de compagnie : on ne peut les éxaminer & les condamner separément. Ce que j'ai dit des sens & de l'imagination s'étend naturellement aux passions. Ainsi on peut bien juger ce que je vas dire, de ce que j'ai déja dit : car je ne ferai qu'expliquer un peu plus au long, ce que j'ai été obligé de dire en partie, à cause de l'étroite union de toutes nos facultez.

II. Par les passions je n'entens point les sens qui les produisent, ni l'imagination qui les excite & qui les entretient. J'entens le mouvement de l'ame & des esprits causé

par les fens & par l'imagination, &
qui agit à fon tour fur la caufe qui
les produit : car tout cela n'eft qu'u-
ne circulation continuelle de fentimens & de mouvemens qui s'entretiennent & fe reproduifent. Si les
fens produifent les paffions , les
paffions en échange , par le mouvement qu'elles excitent dans le corps,
uniffent les fens aux objets fenfibles. Si l'imagination excite les paffions, les paffiós par le côtrecoup du
mouvement des efprits réveillent l'i-
magination : & chacune de ces chofes
s'entretient , ou eft produite par l'effet dont elle eft la caufe ; tant eft
admirable l'œconomie du corps humain & la liaifon mutuelle de toutes les parties qui le compofent. Cela mérite d'étre expliqué plus au
long à caufe des conféquences qu'il
en faut tirer.

I I I. Les paffions font des mouvemens de l'ame qui accompagnent
celui des efprits & du fang , & qui
produifent dans le corps, par la con-
ftruction de la machine , toutes les

dispositions necessaires pour entretenir la cause qui les a fait naître.
A la veüe d'un objet qui ébranle
l'ame, supposons que cét objet soit
un bien, il se fait deux cours, ou
deux épanchemens d'esprits animaux du cerveau dans les autres
parties du corps. Les uns se répandent, ou tendent à se répandre dans
les membres extérieurs , les pieds,
les bras, & si les pieds & les bras
sont hors de service, dans les pou-
mons & les organes de la voix, afin
de nous disposer & ceux qui sont
avec nous, à nous unir à cét objet.
L'autre partie des esprits s'insinuë
dans les nerfs qui répondent au
cœur, aux poulmons, au foye & aux
autres viscéres, pour proportionner
la fermentation , & le cours du
sang & des humeurs par rapport
au bien présent. De sorte que la trace, que la presence du bien ou l'i-
magination forme dans le cerveau,
& qui détermine ces deux épanchemens d'esprits , est entretenuë
par les nouveaux esprits que ce se-

cond épanchement hâte de fournir
au cerveau , par les secousses réïte-
rées & violentes dont ils ébranlent
les nerfs , qui environnent les vaisseaux où sont les humeurs & le
sang , matiere dont les esprits se
forment sans cesse.

I V. Comme tout doit être plein
d'esprits, depuis le cerveau, origine
des nerfs , jusqu'aux extremitez
des mêmes nerfs & que la trace du
bien répand avec force les esprits
dans toutes les parties du corps ,
pour leur donner un mouvement
violent & extraordinaire , ou leur
faire prendre une posture forcée ; il
est nécessaire que le sang monte à la
tête promptement & abondamment , par l'action des nerfs qui environnent , serrent ou lâchent les
vaisseaux qui le contiennent. Autrement le cerveau ne répandant
point assez d'esprits dans les membres du corps, on ne pourroit pas
conserver long-temps l'air , la posture & le mouvement necessaire à
l'acquisition du bien & à la fuite

du mal. On tomberoit mêmes en défaillance : car cela arrive toûjours, lors que le cerveau manque d'efprits , & que fe rompt la communication qu'il a par leur moyen avec les autres parties du corps.

V. Ainfi le corps de l'homme eft une machine admirable, composée d'une infinité de canaux & de réfervoirs qui ont tous enfemble des rapports infinis. Et le jeu merveilleux de cette machine dépend uniquement du cours des efprits , qui eft déterminé differemment par les refforts qui fe bébandent,& les ouvertures qui fe lâchent & fe refferrent par l'action des objets fur les fens , & par le mouvement de la partie principale du cerveau : mouvement qui dépend en partie de la volonté , & en partie du cours des efprits , excité par les traces de l'imagination & de la memoire.

V I. Mais ce qu'il faut ici principalement remarquer , c'eft que le cours des efprits dans les nerfs qui répondent aux vifceres , & qui fait

monter le sang dans la tête pour
fournir les esprits neceſſaires , afin
de diſpoſer les dehors du corps par
rapport à l'objet preſent , agit avec
choix , & ne fournit au cerveau
que les humeurs propres à conſer-
ver la trace qui excite la paſſion.
Ou , ſi on le veut , car il n'importe,
le ſang & les humeurs qui mon-
tent à la tête ſe ſéparent de maniere , que ce qui eſt propre à former
les eſprits convenables à la paſſion
qui domine , y demeure , & que le
reſte retourne par la circulation aux
lieux dont il a été tiré. Or ces eſprits étant formez , ils ſont d'abord
déterminez vers là trace , cauſe primitive de tous ces remûmens, pour
l'entretenir, & réveiller mêmes toutes les traces acceſſoires capables
de la fortifier. Et c'eſt encore de
cette trace, & des traces acceſſoires
que ces nouveaux eſprits reçoivent
leur direction , & ſont déterminez
comme les premiers en deux épanchemens, l'un pour le dehors , &
l'autre pour le dedans du corps. Car,

tant que la passion dure, il se fait sans cesse cette circulation admirable des esprits & du sang, qui fait joüer la machine par rapport à l'objet présent aux sens ou à l'imagination, avec une justesse & un ordre merveilleux.

VII. Delà on peut voir que les passions, qui sont tres-sagement établies par rapport à leur fin, sçavoir la conservation de la santé & de la vie, l'union de l'homme avec la femme, la societé, le commerce, l'acquisition des biens sensibles, sont extrêmement contraires à l'acquisition des vrais biens, des biens de l'esprit, des biens dûs à la vertu & au merite.

VIII. Car 1°. Elles ne sont point soumises à nos volontez. Rien n'est plus difficile que de les moderer à cause de la perte que nous avons faite par le peché du pouvoir que nous devrions avoir sur nôtre corps.

2°. Tout le mouvement qu'elles excitent naturellement dans l'ame, n'est que pour le bien du corps, selon cette maxime, que tout ce qui arrive à l'esprit par le corps, n'est que pour le corps.

3°. Lors qu'elles sont excitées, elles remplissent toute la capacité de l'esprit & du cœur. Les traces & l'ébranlement du cerveau qu'elles entretiennent par la contribution qu'elles tirent des visceres, & qu'elles font monter promtement & abondamment dans la tête, troublent toutes nos idées : & le branle & le mouvement qu'elles donnent à la volonté, par le sentiment vif & agréable qui les accompagne, corrompt nôtre cœur & nous fait tomber dans mille desordres.

4°. Mais lors qu'elles ont cessé de nous agiter, l'imagination demeure salie par les traces qu'elles ont faites dans le cerveau, dont les fibres ont été ou pliées ou rompuës par la violence des esprits qu'elles ont mis en mouvement. Ces traces dissipent souvent l'attention de l'esprit, & renouvellent ordinairement les paſſions qui les ont produites, lors que : le ſang s'eſt chargé de nouveau de parties propres à cette eſpece de fermentation, qui peut fournir abondance d'eſprits convenables à cette même paſſion.

5°. Les paſſions par leur cours rapide ſe font un chemin gliſſant & ouvert dans les nerfs qui vont au cœur & aux autres parties internes, pour y exciter les mouvemens propres à les faire renaître; de ſorte que la moindre choſe qui ébranle le cerveau, eſt capable de les renouveller.

6°. Enfin toutes les paſſions ſe juſtifient de maniere qu'il n'eſt pas poſſible, dans le temps qu'elles agitent l'eſprit, de juger ſolidement de l'objet qui les excite : car leur malignité eſt telle, qu'elles ne ſont point contentes que la raiſon ne porte des jugemens qui les favoriſent.

IX. Car 1°. Elles font valoir le

jugement des sens, quoi que faux témoins, bien loin de pouvoir passer pour juges devant la Raison.

2°. Elles ne représentent les objets que du côté faux & trompeur qui les accommode.

3°. Elles réveillent toutes les traces & les idées accessoires qui entrent dans leur parti, & font taire tout le reste.

4°. Elles couvrent d'apparences honorables de raison, de justice, de vertu leur conduite déreglée & leurs desseins criminels. L'avaricieux, par exemple se cache à soi-même la honte, l'injustice, la cruauté de son avarice. Il se déguise sa passion par des pensées de tempérance de modération de prudence de penitence, & peut-être même de charité de libéralité de magnificence; par des desseins imaginaires, & qu'il n'éxecutera jamais: Car les passions ont assez d'adresse pour faire servir à leur justification les vertus mémes qui leur sont opposées. Enfin les passions sont toûjours

jours

jours accompagnées d'un certain
fentiment de douceur qui corrompt
leur juge , & le paye content s'il
les favorife: au lieu qu'elles le mal-
traitent cruellemēt s'il les condamne à la mort. Car quel prefent
peut-on offrir plus agréable & plus
charmant que le plaifir, à celui qui
veut invinciblement étre heureux;
puis que c'eft le plaifir actuel qui
rend actuellement heureux? Et quel
traittement eft plus rude que celui
que les paffions font à l'efprit, lors
qu'il veut les facrifier à l'amour de
l'ordre. Certainement il ne peut les
fraper fans fe bleffer. Car lors
qu'elles font en défenfe, le même
coup que nous leur portons, & qui
ne leur ôte fouvent la vie que pour
peu de temps, nous donne la mort
par contre-coup , ou plûtoft nous
réduit dans un état qui nous paroît
pire que la mort-même.

X. Il eft donc vifible que ceux,
qui bien loin de modérer leurs paffions, font tous leurs efforts pour
les fatisfaire ; qui vivent par hu-

meur, qui agissent par inclination, qui jugent de tout par fantaisie, en un mot qui suivent tous les mouvemens de la machine, & se laissent conduire sans sçavoir qui les conduit, ni où on les mêne ; s'éloignent sans cesse de leur vrai bien, le perdent peu à peu entierement de veüe, en effacent même le souvenir, & courent en aveugles se précipiter dans l'abysme, où se trouvent tous les maux & la privation éternelle de tous les biens.

XI. Il est vrai que quelquefois la grace est assez forte pour arrêter tout court celui qui s'abandonne aux mouvemens de ses passions, & que Dieu par bonté tonne, éclaire, parle dans l'esprit d'une voix terrible, qui renverse l'homme & la passion qui l'emporte. Mais JESUS-CHRIST fait rarement de semblables faveurs ; & celui-là est bien insensé qui se jette dans le précipice, s'attendant que Dieu fasse un miracle pour le garantir de la mort.

XII. Mais qu'y a-t'il à faire pour

moderer ses passions? Je l'ai déja dit dans le septiéme chapitre, & ailleurs, mais le voici en peu de mots.

1°. Il faut éviter les objets qui les excitent, & mortifier ses sens.

2°. Il faut tenir son imagination dans le respect qu'elle doit à la raison, ou faire sans cesse révulsion dans les esprits qui par leur cours entretiennent les traces criminelles.

3°. Il faut chercher les moyens de rendre ses passions ridicules & méprisables, les éclairer par la lumiere, les confronter à l'ordre, & par quelque effort d'esprit en découvrir la honte, l'injustice, le déreglement, les suites malheureuses & pour cette vie-ci & pour l'autre.

4°. Ne point former le dessein lors qu'elles sont excitées, & ne faire jamais le premier pas dans une affaire par leur direction & leur inspiration.

5°. Prendre l'habitude, & se faire un loi de consulter la Raison en toutes choses : & lors qu'on y a manqué par surprise ou autrement, changer de conduite , & porter du moins la honte qu'on merite , pour avoir agi en beste par la construction & le mouvement de la machine , bien loin de justifier sa sotte démarche par une conduite injuste & criminelle.

6°. Travailler à augmenter la *force* & la *liberté* de son esprit pour supporter le travail de l'attention & pour suspendre son consentement jusqu'à ce que l'évidence l'emporte. Sans ces deux qualitez on ne peut recevoir de la Raison des regles seures de sa conduite.

Enfin pour suivre ces régles qui détruisent les passions , il faut sur tout avoir recours à la priére, & s'approcher avec confiance & avec humilité de celui, qui est venu nous délivrer par la force de sa grace de ce corps de mort, ou de cette loi de la chair qui se révolte à tous momens contre la loi de l'esprit. Car la Raison toute seule, & tous les moyens que la Philosophie fournit,

ne peuvent fans l'influence du fecond Adam nous délivrer de l'influence maligne du premier, ainfi
que j'ai déja dit tant de fois, & que
je ne crains point de repeter, parce
que je n'apprehende point qu'on y
penfe trop.

XIII. Voilà en général tout ce
qui regarde la premiere partie de
cét effai de Morale. D'abord j'ai fait
voir que la *vertu* confifte précifement dans *l'amour habituel & dominant de l'ordre immuable.* Enfuite j'ai
parlé des deux qualitez principales
qui font neceffaires à l'acquifition
de la vertu ; fçavoir de la *force* & de
la *liberté* de l'efprit. Aprés cela j'ai
fait connoître les caufes *occafionnelles*
de la *lumiere* & des *fentimens* , fans
lefquels on ne peut acquerir ni conferver l'amour de l'Ordre. Et enfin,
j'ai expliqué les caufes *occafionnelles
de certains fentimens contraires à ceux
de la grace,* & qui en diminüent l'efficace , afin qu'on les évitaft. Ainfi
je ne penfe pas avoir rien oublié de
ce qui eft néceffaire en général pour

acquerir & pour conserver la vertu.
Je viens donc à la seconde partie,
qui doit étre non des *vertus*, mais des
*devoirs* de la vertu. Car je ne reconnois qu'une seule & unique vertu,
qui rende solidement vertueux ceux
qui la possedent ; sçavoir l'amour
dominant de l'ordre immuable.

*Fin de la premiere Partie.*